Wanderungen in
DEUTSCHLAND

WESERBERGLAND

Wanderungen in DEUTSCHLAND

BERNHARD POLLMANN

WESERBERGLAND

Romantisches Bergland zwischen Münden und Porta Westfalica

Berg

Bildnachweis: Titelbild, S. 2, 6, 55, 68, 102, 120, 122, 124, 127: Klaus Thiele, Warburg; S. 10, 22, 28: Verkehrsverein Hameln; S. 18: Verkehrsverein Hann. Münden; S. 26: Foto Löbl-Schreyer, Bad Tölz; S. 30: Stadt Rinteln; S. 32: Georg Kürzinger, München; S. 51: Kurverwaltung Neuhaus, Solling; S. 86, 88, 92, 95, 96: Mountain Picture/Dr. Goedeke; S. 106: Fremdenverkehrsamt Stadt Springe.

Titelbild: Dampferfahrten auf der Weser erfreuen sich großer Beliebtheit.
Rückenbild: Das sanfte Hügelland lädt zum Wandern und Verweilen ein.
Abbildung Seite 2: Am südlichen Solling Rand

Dieser Wanderführer wurde von Autor und Verlag mit großem Bemühen um zuverlässige Information erstellt. Fehler und Unstimmigkeiten sind jedoch nicht auszuschließen. Eine Garantie für die Richtigkeit der Angaben kann daher nicht gegeben werden. Eine Haftung für etwaige Unfälle wird aus keinem Rechtsgrund übernommen.

Printed in Germany

Redaktion: Dorothea Steinbacher, Haßmoning
Umschlaggestaltung: Wolfgang Lauter, München
Kartenskizzen: 4M GmbH, Gräfelfing
Satz und Layout: AVAK Publikationsdesign, München
Druck und Bindung: Uhl, Radolfzell

Gedruckt auf chlor- und säurefreiem Papier

ISBN 3-7634-1124-0

Inhalt

Vorwort

Vielbesuchtes Ausflugsziel: Die Sababurg im Reinhardswald.

Das Bergland an der oberen Weser ist ein Wanderparadies, das unterschiedlichsten Ansprüchen gerecht wird: Burgen, Klöster, Hünengräber führen inmitten prächtiger Natur zurück zu den Ursprüngen deutscher Geschichte; romantische Täler, sagenumwobene Moore, schier endlose Laubwälder locken zu Ausflügen von einzigartiger Schönheit; Felsen, Schluchten und Steilhänge versprechen genußvolle, spannende Touren. Zwischen Hannoversch Münden und Porta Westfalica vereinigt dieser Führer 30 der schönsten Wanderungen im Bergland der Weserrenaissance, wobei auch das angrenzende Leinebergland mit einbezogen wird.
An die Kondition stellen Wanderungen im Weserbergland wenig Ansprüche, doch mindert dies keineswegs den Wandergenuß: Ein so winziges Gebirglein wie der Ith – gut 400 Meter hoch, 20 Kilometer lang, drei Kilometer breit – vereinigt auf engstem Raum Höhlen, einsame Kammfluren, gigantische Felsszenerien, wilde Täler, Naturschutzgebiete, unergründliche Wälder, sagenumwobene Orte, Kanzeln mit hervorragender Aussicht. Ähnlich ist es in den anderen Gebirgen, Höhenzügen und Kämmen, die in ihrer Gesamtheit als Weserbergland bezeichnet werden: Allen gemein ist eine enorme Vielfalt an Natur und uralter Kultur.
Die Wanderwegemarkierungen im Weserbergland lassen oft viel Raum für Improvisation. Da die Routenbeschreibungen dieses Führers jedoch so genau sind, daß kein Verlaufen möglich ist, entpuppen sich fehlende Markierungen als Vorteil: Die Wege sind nicht überlaufen. Damit bietet das Weserbergland etwas, das Mittelgebirgen mit „hervorragend beschildertem Wanderwegenetz“ oft abgeht: Natur und Kultur sind in Stille erlebbar. So läßt sich das Weserbergland mit seinen „kleinen“ Gebirgen und Berglein und seiner überreichen Kultur und Natur nur mit einem Wort treffend umschreiben: Das Weserleinebergland – das Kleinod unter den deutschen Mittelgebirgen.

Bernhard Pollmann

Einführung

Von den Hannoverschen Klippen fällt der Blick hinab auf die Weser mit ihren typischen Buhnenufern. Den Wasserweg begleiten hier ein Radweg, die Eisenbahn und ein Fußweg.

Die Bergzüge, Hochflächen und Hügellandschaften, die das Flußtal der oberen Weser zwischen Hannoversch Münden und der Westfälischen Pforte begleiten, werden in ihrer Gesamtheit als Weserbergland bezeichnet. Leitlinie ist die Weser, die in Hannoversch Münden am Fuß von Reinhardswald, Bramwald und Kaufunger Wald durch den Zusammenfluß von Werra und Fulda entsteht, nach rund 200 Kilometer langem Lauf in der Westfälischen Pforte den letzten Gebirgswall durchbricht und in das Norddeutsche Tiefland hinausfließt.

Große Naturparkregion

Auf niedersächsischem Gebiet wurden im Weserbergland drei Naturparks eingerichtet, die zusammen eine Fläche von rund 2000 Quadratkilometer einnehmen: Naturpark Münden (gegründet 1959), Naturpark Solling-Vogler (1966), Naturpark Weserbergland Schaumburg-Hameln (1975).
Die Bezeichnung Naturpark bedeutet nicht, daß die Natur hier unter Schutz steht, sondern daß es sich – anders als bei einem Stadtpark – um eine großräumige Kulturlandschaft handelt, die Voraussetzungen für naturnahe Erholung aufweist. Dementsprechend wurden die Naturparks für Erholungssuchende eingerichtet, wobei dem Wandern zentrale Bedeutung zukommt: markierte Wege, Sitzbänke, Schutzhütten, Picknickplätze, Waldsportanlagen, Forstlehrpfade, Informationstafeln zur Geschichte und vieles mehr.
Naturpark Münden: Der Naturpark Münden umfaßt im Weserbergland das Gebiet von Bramwald (Wanderung 6) und Hohem Hagen (Wanderung 7) sowie das nichthessische Südosteck des Reinhardswalds (Wanderung 5) mit der Tillyschanze. Der Park ist vor allem geeignet für Wanderer, die bequeme Wege zu schätzen wissen.
Die Verwaltung des Naturparks hat ihren Sitz in 34346 Hannoversch Münden, Wilhelmstraße 3a.

Naturpark Solling-Vogler: Der Naturpark Solling-Vogler umfaßt die waldreichen Buntsandsteingebirge Solling (Wanderungen 8, 9 und 10) und Vogler (Wanderung 15) sowie den Eversteiner Burgberg (Wanderung 14) und die Rühler Schweiz zwischen Burgberg und Vogler. Bedeutendste Städte im Bereich des Naturparks sind Holzminden und Bodenwerder. Im Naturpark Solling-Vogler findet sich ein gut ausgebautes Netz bequemer Wege.
Die Verwaltung des Naturparks Solling-Vogler hat ihren Sitz in 37603 Neuhaus im Solling (Holzminden), Schloßplatz 6.
Naturpark Weserbergland Schaumburg-Hameln: Der Naturpark Weserbergland Schaumburg-Hameln umfaßt den nördlichen Teil des Weserberglands sowie Teile des angrenzenden Leinebergland. In diesem Naturpark kommen verstärkt Wandererauf ihre Kosten, die weniger das ruhige Dahingehen auf gepflegten Wegen als die genußvolle Pirsch auf Fels- und Wurzelpfaden lieben und Schwebeblicke von absturzgefährdeten Felskanzeln nicht verschmähen: Solche spannenden, naturnahen Inseln sind der Ith (Wanderungen 23–25), Teile des Süntel (Wanderung 28) und der Kanstein am Thüster Berg (Wanderung 22) sowie – leider außerhalb des Naturparks, doch als Naturschutzgebiet ausgewiesen – der Selter (Wanderung 18). Gleichzeitig finden sich in diesem Naturpark auch viele Gebiete, in denen uns ruhige, gepflegte Waldwege erwarten, wie im Sün-

Am Südfuß des Wiehengebirges glänzt das silberne Band der Weser. In der Porta Westfalica, der „Westfälischen Pforte“, durchbricht die Weser den das Bergland begrenzenden Nordkamm, der links des Flusses Wiehengebirge und rechts des Flusses Wesergebirge heißt.

An vielen Wanderparkplätzen im Weserbergland informieren Wegeübersichtstafeln über die Wandermöglichkeiten.

tel (Wanderung 28), im Wesergebirge (Wanderung 29) usw. Die Duinger Seenplatte wiederum (Wanderung 21) ist ein Wassersportparadieschen, während in Bad Pyrmont einer der schönsten deutschen Landschaftsparks und die gepflegten Wege auf dem Pyrmont den Wanderer erwarten (Wanderung 26).
Der Naturpark Weserbergland Schaumburg-Hameln wurde 1975 gegründet. Zehn Jahre später ging das Kernkraftwerk Grohnde mit 135 Meter hoher Kühlturmkulisse ans Netz. Der Naturpark existiert seitdem nur noch auf dem Papier, der Naturpark-Zweckverband wurde aufgelöst, es gibt keinen Träger mehr.

Die Weser-Flußwanderung

Wer das Weserbergland kennenlernen will, sollte als erstes die Wanderung weserabwärts unternehmen. Der Fluß war einst der zentrale Verkehrsweg, und bis heute ist die schönste Art, einen ersten Eindruck vom Weserbergland zu gewinnen die etwa

200 Kilometer lange Wanderung von Hannoversch Münden bis Minden.
Für Boote gibt der Fluß die Wanderroute vor, neben dem Fluß erschließt ein Radwanderweg das Wesertal abseits der vielbefahrenen Hauptstraßen in voller Länge, und wer weder Kanu noch Rad benutzen will, besteigt einen der Ausflugsdampfer der Weserflotte. Kanu, Paddelboot oder Drahtesel: Niemand muß mit diesen Ausrüstungsgegenständen anreisen, die Fremdenverkehrsämter vermitteln die Ausleihe; dort sind auch Tips erhältlich für die Ausleihe „exotischerer" Fortbewegungsmittel wie etwa Holzflöße. Wer sich den lästigen Transport von Gepäck ersparen will, nutzt den Gepäckservice, den ebenfalls die Fremdenverkehrsämter vermitteln: Gleichgültig mit wie vielen Übernachtungen die Wanderung unternommen wird, fürs Wandern selbst sind nur Rad oder Boot und Proviant nötig, das Gepäck wartet am vereinbarten Übernachtungsort.
Ob im Paddelboot, auf dem Floß oder in die Pedale tretend: Wer die Weser-Flußwanderung auf eigene Faust unternimmt, findet

Schafweide bei Gut Maygadessen unter der laubwaldgeschmückten Brunsburg.

Buchenwald unter der Teufelskirche im Sackwald.

Campingplätze und Jugendherbergen direkt am Fluß, so daß die Übernachtung kein Problem darstellt, ganz zu schweigen von den oft erstaunlich preiswerten Unterkünften in den malerischen, ruhigen Dörfchen längs der Weser, von denen sich zahlreiche Ausflüge unternehmen lassen. Da zudem kaum Steigungen zu bewältigen sind, ist die Wanderung auf dem ausgeschilderten Weserradweg ein Vergnügen für die ganze Familie: Wenn die Mama das Zelt aufstellt, der Papa das Essen kocht, die Kinder mit glänzenden Augen ums Lagerfeuer sitzen und danach in die Schlafsäckchen krabbeln, ist die Abenteuerwanderung perfekt. Der Weserradweg zählt heute zu den beliebtesten Wanderstrecken im Weserbergland und wird passagenweise auch von Fußwanderern und Spaziergängern rege genutzt; das Paddelboot-, Kajak- und Kanuwandern auf dem Fluß – sogenanntes Flußtrekking – verzeichnet enorme Zuwachsraten.
So sei als erste Wanderung im Weserbergland die Weser-Flußwanderung vorgestellt. Da sie mit rund 200 Kilometern ein wenig lang ist, wird sie unterteilt in etwa 50 Kilometer lange Etappen (Wanderungen 1–4).
Der mit xw gekennzeichnete Weser-Fußwanderweg führt zwar ebenso wie der Weserradweg bis zur Mündung, folgt aber nicht dem Tal, sondern zieht – mit Berührung der zentralen Städte an der Weser – über die Berghöhen.

Die Weserflußfahrt einst

Bis 1823 war die heute selbstverständliche, unbehinderte Wanderung durchs Wesertal undenkbar. Als Herzog Otto I. von Braunschweig-Lüneburg 1247 Münden das Stapelrecht verlieh, legte er einerseits die Grundlage für die wirtschaftliche Blüte der Dreiflüssestadt am Ausgangspunkt der Weser-Flußwanderung, brachte aber zugleich eine Entwicklung ins Rollen, die den Verkehr im Wesertal völlig zu blockieren drohte: Stapelrecht bedeutet, daß die Stadt vorbeifahrende Kaufleute zwingen konnte, ihre Waren zum Verkauf auszustellen, wobei die Bürger das Vorkaufsrecht hatten; durch Geldzahlungen konnten sich die Handelsschiffe von diesem Zwang befreien.
In den folgenden Jahrhunderten errichteten Territorialherren Zollstätten in solcher Zahl, daß der Handel auf der zentralen

Verkehrsader des Weserberglands nahezu erstickt wurde. Diesem Umstand verdankt beispielsweise Bad Karlshafen seine Entstehung: Um die lästigen Zölle in Münden zu umgehen, plante Landgraf Karl I. von Hessen-Kassel den Bau eines Kanals von Kassel bis zur Diemelmündung und ließ zu diesem Zweck an der Mündung der Diemel in die Weser 1699 die Hafenstadt Karlshafen aus dem Sumpf stampfen.

Im späten 18. Jahrhundert säumten das Flußufer in buntem Wechsel preußische, hannoversche, kurhessische, paderbornische, waldeckische, lippische, schaumburg-lippische, braunschweigische und weitere Herrschaftsgebiete. Wie restriktiv diese Kleinstaaterei gehandhabt wurde, beleuchtet folgende Episode: Der französische Naturforscher Denis Papin – Erfinder des Dampfkochtopfs und der Dampfmaschine –, ein in Kassel lehrender Hugenotte, fiel bei Landgraf Karl I. in Ungnade und wollte 1707 in einem selbstkonstruierten Schaufelrad-Dampfbootmodell von Hessen-Kassel via Münden weserabwärts fahren, um den Prototyp des ersten Dampfschiffs der Welt in London zu präsentieren und dort bei Investoren Geld locker zu machen; da Papin jedoch keinen Passierschein vorweisen konnte, zerschlugen Mitglieder der Mündener Schifffahrtsgilde dem französischen Erfinder sein Boot.

Erst nach dem Wiener Kongreß und der Gründung des Deutschen Bundes (1815) rauften sich die Uferstaaten am Verhandlungstisch zusammen und unterzeichneten nach jahrelangem Ringen 1823 in Minden die Weserschiffahrtsakte. Sie hob 14 von 23 Zollstätten zwischen Münden und der Nordsee auf und führte in diesem Abschnitt des Flusses das Prinzip der Schiffahrtsfreiheit ein. 1843 fuhr „Eduard", der erste Weserdampfer, von Hannoversch Münden nach Karlshafen. Der feste Weserzoll, den die Weserschiffahrtsakte aufgestellt hatte, wurde 1856 durch Vertrag zwischen den Uferstaaten ganz aufgehoben.

Die 292 Kilometer lange Werra, der Hauptquellfluß der Weser, entspringt in der Nähe der Rennsteigwarte auf dem Südhang des Thüringer-Wald-Kamms oberhalb von Eisfeld, die 218 Kilometer lange Fulda auf dem Südhang der Wasserkuppe in der Rhön. Die Namen Werra und Weser werden auf althochdeutsch wisa = „fließendes Wasser" zurückgeführt: Wisarahe = Weser und Wirraha = Werra sollen Formen desselben Wortes sein.

Inschrift auf dem Weserstein auf der Tanzwerderinsel in Hannoversch Münden:

Wo Werra sich und Fulda küssen,
Sie ihren Namen büßen müssen.
Und hier entsteht durch diesen Kuß,
Deutsch bis zum Meer, der Weserfluß.

1

Von Hannoversch Münden bis Bad Karlshafen

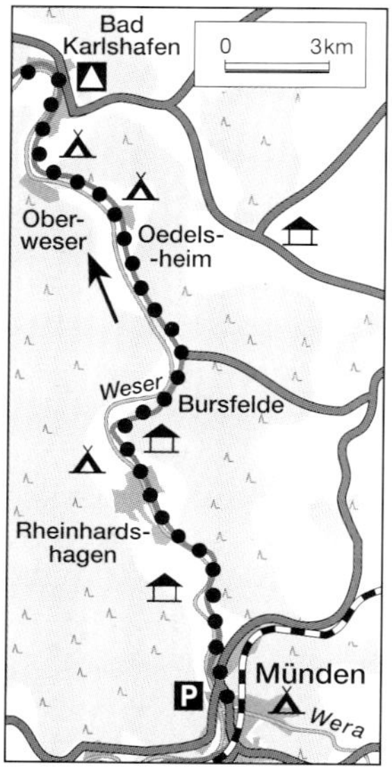

Ausgangsort: Hannoversch Münden, erreichbar durchs Wesertal oder über die Autobahn A7 Kassel – Göttingen Ausfahrt Münden.
Ausgangspunkt: Zusammenfluß von Fulda und Werra zur Weser in Hannoversch Münden.
Wegverlauf: Die Route folgt bis Bad Karlshafen der Weser abwärts. Der Weser-Radweg berührt dabei u. a. die Orte Hemeln, Bursfelde, Oberweser/Oedelsheim, Bodenfelde und Wahmbeck.

Wer durchs Fuldatal nach Hannoversch Münden kommt, um hier die Weser-Flußwanderung zu beginnen, stößt in eine völlig neue Landschaft: Während sich längs der Fulda offene Kulturlandschaften weiten, durchfließt die junge Weser ein Engtal zwischen den Buntsandsteinaufwölbungen von Reinhardswald und Bramwald. Neben dem Strom steigen die in der Regel bis zum Hangfuß laubwaldbestockten Hänge meist so unvermittelt auf, daß sie kaum Raum für Straßen lassen und auch Eisenbahnpläne scheitern ließen. Lediglich auf den Gleithängen der Mäander finden sich Verebnungen mit Acker- und Wiesenfluren und kleineren Siedlungen. Auf der rechten Seite des Flusses liegen am Fuß des Bramwalds die Orte Hemeln und Glashütte mit ihren Fachwerkhöfen sowie die einst mächtige ehemalige Benediktinerabtei Bursfelde. Links der Weser gleitet die Flußfront von Vaake mit der malerisch unter alten Bäumen gelegenen spätromanischen Kirche vorüber, wenig später das Dorf Veckerhagen mit dem Barockschloß des Landgrafen Karl von Hessen-Kassel.
Charakteristisch für die Ufer sind die Buhnen: rechtwinklig zum Ufer in den Fluß hineingebaute Kleinst-Dämme, die ein Auswaschen der Ufer verhindern sollen. Dieser Uferschutz wird für wichtig erachtet, weil die von Reinhards- und Bramwald herabschießenden Wildbäche während der Schneeschmelze und nach starken Niederschlägen neben enormen Wassermassen Gesteinsschutt und Geröll bis zu Kopfgröße transportieren. 1898 schüttete der vom Reinhardswald herabfließende Hemelbach einen Schuttkegel auf, der fast bis zur Mitte des Flusses reichte.

Der Reinhardswald

Vaake und Veckerhagen haben sich zur Gemeinde „Reinhardshagen“ zusammengeschlossen. Sie liegen am Fuß des Reinhardswalds, des ersten Bergzugs links der Weser. Aus dem

Flußdreieck Fulda-Weser steigt er bei Hannoversch Münden auf und zieht mit einem Steilabfall zur Weser etwa 30 Kilometer flußabwärts bis zur Diemelmündung in Bad Karlshafen. Die flachkuppige Buntsandsteinaufwölbung trägt das größte zusammenhängende Waldgebiet Hessens und ist berühmt für ihre Wildbestände. Wanderung 5 führt im Reinhardswald durch das Urwald-Naturschutzgebiet zur Sababurg, dem „Dornröschenschloß" der Brüder Grimm, und weiter zum Staufenberg, dem neben dem Gahrenberg höchsten Berg des Reinhardswalds (beide 472 Meter hoch).

Das hessische Weserbergland

Von Anfang an auffallend ist die Grenzziehung an der Weser: Unterhalb von Hannoversch Münden fließt sie noch ein kurzes Stück in Niedersachsen, bildet dann bis unterhalb von Bursfelde die niedersächsisch-hessische Grenze, durchfließt in der Gemeinde Oberweser hessisches Gebiet und bildet ab Bodenfelde bis unterhalb von Bad Karlshafen wieder die Grenze zwischen Hessen und Niedersachsen.

Diese Grenzen gehen in der Regel bis ins Mittelalter zurück. So schenkte Kaiser Heinrich II. im Jahr 1019 den Reinhardswald mit Ausnahme des Südostecks dem Bistum Paderborn; der alten Grenze folgt heute die niedersächsisch-hessische Grenze – das Gebiet links von Weser und Fulda ist mit Ausnahme des kleinen Zipfels um Neumünden hessisch.

Mit Heinrich I. begann der Aufstieg der Landgrafschaft Hessen im Südwesten des Weserberglands. Unter seiner Herrschaft wurde die Landgrafschaft 1292 Reichsfürstentum, blieb aber ständig bedroht vom Machthunger der Mainzer Erzbischöfe. Die kriegerischen Auseinandersetzungen entschied Landgraf Ludwig I. in den siegreichen Schlachten von Fritzlar und Fulda (beide 1427); die Mainzer Stiftsfehde (1461–63), in der Adolf von Nassau und Diether von Isenburg Krieg um den Mainzer Erzstuhl führten, schwächte die Position der Mainzer Kirchenfürsten so sehr, daß die hessischen Landgrafen künftig unbehelligt blieben. Die bedeutendsten Städtegründungen der hessischen Landgrafen im Weserbergland sind Immenhausen, Grebenstein und Trendelburg am Westrand des Reinhards-

Wegcharakter: Der Weser-Radweg folgt rechts des Flusses teils der Landstraße (die vielbefahrene Bundesstraße verläuft links des Flusses), teils kaum befahrenen Seitenwegen.
Weglänge: 45 km auf dem Weser-Radwanderweg von Hannoversch Münden bis Bad Karlshafen, davon 20 km bis Bursfelde und gut 30 km bis Lippoldsberg und Bodenfelde.
Anstiege: Die Rad-Strecke führt insgesamt abwärts, doch sind auch einige wenige kleinere Anstiege zu bewältigen.
Markierung: Hinweisschilder Weser-Radwanderweg.
Einkehrmöglichkeiten: In allen Orten am Wegrand besteht Einkehrmöglichkeit. Dabei lohnt es sich auch, den Radwanderweg hin und wieder zu verlassen und den Fluß auf den ohnehin recht wenigen Brücken zu überqueren.

Hannoversch Münden
Verkehrsverein Naturpark Münden, Rathaus, 34346 Hannoversch Münden.
Reinhardshagen
Verkehrsamt Gemeinde Reinhardshagen, Mündener Str. 44, 34356 Reinhardshagen.
Oberweser-Gieselwerder
Verkehrsamt Oberweser-Gieselwerder, In der Klappe 1, 34397 Oberweser.
Wahlsburg-Lippoldsberg
Verkehrsamt, Am Mühlbach 15, 37194 Wahlsburg.
Bodenfelde
Tourist-Information Bodenfelde, Bleekstr. 23, 37194 Bodenfelde.
Bad Karlshafen
Kurverwaltung Bad Karlshafen, Hafenplatz 8, Rathaus, 34381 Bad Karlshafen.

walds. Als Landgraf Philipp der Großmütige 1567 Hessen unter seine vier Söhne teilte, kam das südwestliche Weserbergland unter die Herrschaft der Linie Hessen-Kassel. Landgräfin Amalie Elisabeth erwarb 1640–47 den größten Teil der Grafschaft Schaumburg und erweiterte damit das Territorium im Weserbergland erheblich. Zu den bedeutendsten Herrschern von Hessen-Kassel zählt Landgraf Karl (Regierung 1670–1730), der französische Glaubensflüchtlinge ins Land rief, die Hugenottenstadt Bad Karlshafen an der Mündung der Diemel in die Weser gründete und ein bedeutender Förderer von Wissenschaft und Künsten war. Unter Landgraf Wilhelm IX. wurde Hessen-Kassel 1803 Kurfürstentum. Im Deutschen Krieg von 1866 machte Kurfürst Friedrich Wilhelm gegen Preußen mobil. Das siegreiche Preußen annektierte Kurhessen und gliederte es der neuen preußischen Provinz Hessen-Nassau ein.

Helmarshausen – Goldschmiede an der Weser

In Helmarshausen, heute Ortsteil von Bad Karlshafen, im großen Diemelbogen oberhalb der Mündung in die Weser wurde 977 die Benediktiner-Reichsabtei St. Maria und Petrus gegründet, die 1017 durch königliche Schenkung an Paderborn kam. Bis ins späte 12. Jahrhundert entstanden hier weltbekannte Werke der Buchmalerei und Goldschmiedekunst, der Mönch Roger war einer der bedeutendsten Goldschmiede des deutschen Mittelalters; sein Hauptwerk ist der Abdinghofer Tragaltar (vor 1100, Paderborn, Franziskanerkirche); darüber hinaus schuf er den Tragaltar der Heiligen Kilian und Liborius (um 1100, Paderborner Domschatz) und den prunkvollen Vorderdeckel des Helmarshausener Evangeliars (um 1100, Domschatz Trier). Um 1175 entstand in Helmarshausen das von Herzog Heinrich dem Löwen in Auftrag gegebene und dem Braunschweiger Dom geschenkte Evangeliar, eines der Hauptwerke der norddeutschen Buchmalerei im 12. Jahrhundert (heute Wolfenbüttel, Herzog-August-Bibliothek). Von der 1011 durch Bischof Meinwerk von Paderborn geweihten Kirche und von den Klostergebäuden sind nur Reste erhalten. 1536 wurde die Abtei aufgehoben.

Der Bramwald

Der Weser-Radweg folgt nicht dem Fuß des Reinhardswalds, sondern bleibt rechts der Weser auf wenig befahrener Straße am Fuß des Bramwalds. Wie der Reinhardswald ist der Bramwald ein dicht bewaldeter Buntsandsteinrücken, und wie Teile des Reinhardswalds war er bis ins 19. Jahrhundert Hutewald: Von der Waldweidezeit zeugen einige mächtige Hute-Eichen, Weidbäume, unter denen Vieh und Hüter Schutz vor Sonne und Regen fanden. Ab dem ausgehenden Mittelalter ließen sich im Bramwald auch Wanderglashütten nieder, der Name des heutigen Luftkurorts Glashütte erinnert daran. Wanderung 6 führt vom Kreuzstein-Parkplatz zwischen Hemeln und Glashütte zur alten Bramburg und zum Totenberg (408 Meter), der höchsten Erhebung des Reinhardswalds.
Wo die Nieme in die Weser mündet, gründete Graf Heinrich der Dicke von Northeim 1093 am Fuß des Bramwalds die Benediktinerabtei Bursfelde. Ab dem ausgehenden Mittelalter zählte sie zu den bedeutendsten Benediktinerabteien Mitteleuropas. Johannes Dederoth wurde 1433 Abt und leitete eine Reform des mönchischen Lebens ein. Sein Nachfolger Johannes Hagen (Abt 1439–69) begründete die Bursfelder Kongregation, eine Vereinigung von Klöstern, in denen die Benediktinerregel streng beachtet wurde. 1446 fand in Bursfelde das erste Generalkapitel der Kongregation statt, 1458 wurden die „Bursfelder Statuten“ verabschiedet, bis zur Reformation hatten sich rund 100 Abteien überwiegend in Mittel- und Westdeutschland der Kongregation angeschlossen, bei ihrer Auflösung 1803 waren es 111 Klöster in Nordwesteuropa, unter ihnen Corvey (seit 1501). 1542/89 wurde Bursfelde lutherisch, die Abtwürde besteht jedoch bis heute; seit dem 19. Jahrhundert wird sie dem Senior der evangelisch-theologischen Fakultät der Universität Göttingen übertragen.
Die Kirche St. Thomas und St. Nikolaus, eine flachgedeckte Basilika mit Würfelkapitellen (ausgehendes 11. Jahrhundert), enthält spätgotische Wandfresken; der Chor datiert aus der Zeit um 1134. Die Doppelturmfassade (Ende 12. Jahrhundert) wurde 1900–03 ohne Berücksichtigung der ursprünglichen Form des Westabschlusses historisierend neu errichtet.

Doktor Eisenbarth
An der Ägidienkirche in Hannoversch Münden ist einer der berühmtesten deutschen Ärzte begraben: Der 1663 in Oberviechtach bei Schwandorf geborene Johannes Andreas Eisenbarth, „großbritannischer und braunschweigisch-lüneburgischer Landarzt“, starb am 11. November 1727 im Haus Lange Straße 34 und wurde als Standesperson beigesetzt. Als Augenarzt, „Stein-, Krebs- und Bruchschneider“ führte Eisenbarth Hodenbruch-, Kropf- und Staroperationen durch, sein marktschreierisches Auftreten gab jedoch Anlaß zu dem bekannten Spottlied, das ihn – zu Unrecht – als Kurpfuscher ausweist, der ohne entsprechende Ausbildung gefährliche chirurgische Eingriffe vornimmt: „Ich bin der Doktor Eisenbarth / Kurier' die Leut' nach meiner Art“.

Schleusentor bei Hannoversch Münden.

Wahlsburg-Lippoldsberg

Wo die Weser unterhalb von Bursfelde und Gieselwerder nach der Einmündung der Schwülme einen großen Linksbogen beschreibt, liegen rechts des Flusses die Orte Lippoldsberg, Bodenfelde und Wahmbeck. Die Kirche (um 1140–50) des ehemaligen Benediktinerinnenklosters St. Georg und Maria in Lippoldsberg, eine dreischiffige Pfeilerbasilika, zählt zu den besterhaltenen und hervorragendsten Beispielen romanischer Architektur in Deutschland.

Während links der Weser weiterhin der Reinhardswald den Wanderer begleitet, schickt nun rechts der Solling seine waldreichen Ausläufer an den Fluß. Kurz vor Bad Karlshafen steht rechts oben im Wald die Lug-ins-Land-Hütte, einer der verträumtesten Aussichtspunkte bei den Wanderungen im Weserbergland (Wanderung 8).

Von Herstelle bis Holzminden

2

Wenn unterhalb von Bad Karlshafen Herstelle und das Naturschutzgebiet um die Hannoverschen Klippen passiert sind, ändert sich der Charakter des Wesertals. Haben bisher Bram- und Reinhardswald den Fluß in beruhigender Symmetrie begleitet, erstaunt nun die Vielfalt des folgenden Talabschnitts: Während sich rechts die Buntsandsteinkuppel des Solling wölbt, zeigen sich links bis zu lotrecht abfallende Flanken und Klippen. Diese Muschelkalkberge bilden keine zusammenhängenden Bergzüge, sondern springen als isolierte Türme bastionsartig in den Talraum: der steil zum Fluß abstürzende Rotsberg, Hasselburg, Mühlenberg, Wildberg, Bruns- und Ziegenberg mit den Höxter Klippen oder die Prinzessinnenklippen bei Corvey.
Kurz unterhalb von Bad Karlshafen wird die Weser Grenzfluß zwischen Westfalen und Niedersachsen. Der erste Ort im Westfalenland ist Herstelle, gegründet während eines Heerlagers, das der Frankenkönig Karl im Winter 797 auf der Bergkuppe oberhalb des Dorfs aufschlug; vielleicht benannte er diesen Ort nach der Karolinger-Stammburg Heristall an der Maas.
Der Radwanderweg bleibt autofrei rechts des Flusses unterhalb der Hannoverschen Klippen, und direkt am Radweg zweigt Wanderung 8 zu den Klippen und auf den Solling ab. Gleich oberhalb der Klippen befindet sich auch das Dreiländereck, wo die Grenzen von Hessen, Niedersachsen und Nordrhein-Westfalen aufeinandertreffen.
Nach den Hannoverschen Klippen wechselt der Radwanderweg auf die linke Seite des Flusses, um ein wenig Distanz zu dem über 20 Jahre alten Siedewasserreaktor Würgassen zu gewinnen, und erreicht dann die Stadt Beverungen.

Beverungen – Hafenstadt Paderborns

Wo die Bever zwischen Galgen- und Mühlenberg in die Weser mündet, liegt Beverungen, jahrhundertelang Hafenstadt des Hochstifts Paderborn. Von der Wasserburg, die der Paderbor-

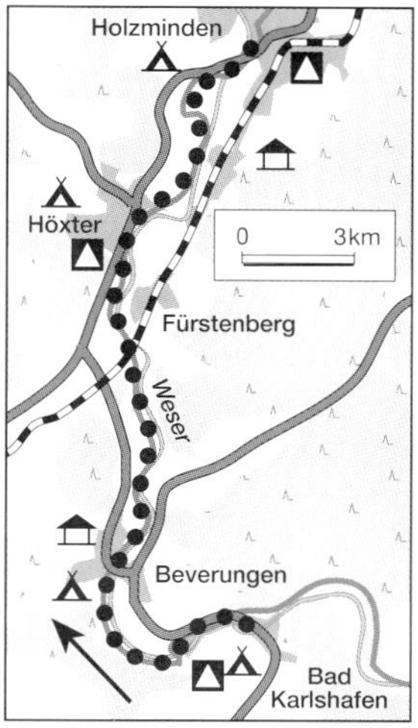

Ausgangsort: Bad Karlshafen an der Mündung der Diemel in die Weser liegt an der B83 Kassel – Holzminden, auf die hier die B80 von Hannoversch Münden trifft.
Ausgangspunkt: Schifffahrtsanlegestelle in Bad Karlshafen.
Wegverlauf: Nach Queren der Weser direkt oberhalb des Ausgangspunkts folgt der Weser-Radwanderweg dem Fluß abwärts bis Holzminden, wobei er die Orte Beverungen und Höxter mit Corvey berührt.

Wegcharakter: Zwischen Bad Karlshafen und Holzminden folgt der Weser-Radwanderweg nahezu ausschließlich bequemen Wegen, die entweder für den öffentlichen Verkehr gesperrt sind oder nur wenig befahren werden.
Weglänge: 36 km auf dem Weser-Radwanderweg von Bad Karlshafen bis Holzminden; bis Beverungen sind es 12, bis Höxter gut 25 km.
Anstiege: Auf der gesamten, abwärts führenden Strecke sind keine nenneswerten Anstiege zu bewältigen.
Markierung: Hinweisschilder Weser-Radwanderweg.
Einkehrmöglichkeiten: In allen Orten am Wegrand besteht Einkehrmöglichkeit.

ner Bischof um 1330 zur Sicherung der Weserschiffahrt und zum Schutz seines Gebiets gegen Braunschweig und Hessen errichten ließ, sind der Wohnturm und das Rentmeisterhaus erhalten. 1417 erhielt Beverungen Stadtrecht. Den Altstadtkern prägen Fachwerkgiebelhäuser des 17. Jahrhunderts, unter ihnen das Rathaus.
Das reichsunmittelbare Hochstift Paderborn war ein geistlicher Staat, der über umfangreichen Besitz im westlichen Weserbergland verfügte. Die Fürstbischöfe herrschten über ein Gebiet, das im Osten bis zu Diemel und Weser reichte, wichtigste Städte waren Paderborn, Warburg, Brakel und Beverungen. 1802 wurde das Hochstift Paderborn säkularisiert, 1803/14 fiel das Land Paderborn an das Königreich Preußen.

Der Solling

Der Solling (= Schwellung), der den Fluß während dieses Abschnitts der Weserwanderung rechts begleitet, ist das größte und höchste Gebirge im Weserbergland und zugleich eines der größten Waldgebiete Norddeutschlands. Als bis zu 50 Kilometer lange und bis zu 30 Kilometer breite Buntsandstein-„Schwellung“ wölbt er sich rechts der Weser zwischen Uslar, Dassel und Holzminden. Seine höchste Erhebung, die Große Blöße (528 Meter), ist gleichzeitig der höchste Gipfel des Weserberglands (Wanderung 10). Breite Rücken, deren höchste Punkte nur wenig aus der plateauartigen Wölbung herausragen, und liebliche Wiesentäler prägen das Landschaftsbild. Die undurchlässigen Böden auf dem niederschlagsreichen Hochplateau begünstigen die Bildung von Hochmooren und Bruchwäldern. In die sauren Birken-, Eichen- und Buchenwälder auf dem Plateau trieben die Bewohner der umliegenden Siedlungen in vergangenen Jahrhunderten ihr Vieh und holten Laub und Laubheu als Streu und Futter heraus; da der Wald auf den sauren Böden nur geringen Zuwachs zeigt, kam es nach und nach zur Verwüstung der Wälder. Aber auch wo der Wald nicht als Hutewald und zur Streugewinnung genutzt wurde, Schritt die Abholzung voran: Der Brennholzbedarf der nahen Glashütten und Schmieden war enorm, und Sollingbuchen wurden flußabwärts bis nach Hannover getriftet.

Im 19. Jahrhundert unterzog man den Hochsolling einer Radikalkur: Die Hochmoore wurden durch Gräben entwässert und mit kleinen Wällen umgeben und danach mit Fichten aufgeforstet.
Trotz der Entwässerungsmaßnahmen im 19. Jahrhundert gibt es bis heute Hochmoore auf dem Solling. Das größte ist das unter Naturschutz stehende „Mecklenbruch" bei Neuhaus (Wanderung 10), südöstlich davon liegt das ebenfalls unter Naturschutz stehende „Torfmoor"; Wanderung 9 wiederum führt am Bärenbruch vorbei. Die gewaltigen, als Naturdenkmäler ausgewiesenen Eichen, an denen Wanderung 8 beim Dreiländereck vorbeiführt, erinnern an die alte Waldweidezeit.

Fürstenberg im welfischen Weserbergland

Am Solling-Westfuß liegt die Gemeinde Fürstenberg mit der berühmten Porzellanmanufaktur. Mit ihr begegnet uns der Name des herzoglich braunschweigischen Oberjägermeisters und königlich dänisch-norwegischen Generalforstmeisters Johann Georg von Langen (1699–1766), des Begründers der Industrie im Weserraum. Auf von Langens Initiative gründete Herzog Karl I. 1747 in Fürstenberg die heute nach Meißen älteste deutsche Porzellanmanufaktur. 1744 hatte Herzog Karl I. in der Hilsmulde die fürstliche Glashütte „Zum grünen Plan" gegründet; um sie ließ von Langen 1748/49 die erste planmäßig angelegte Arbeitersiedlung des Landes anlegen. Unter von Langens Leitung wurde in der Glashütte 1752/53 der Spiegelguß nacherfunden, Grünenplan entwickelte sich zu einem Zentrum der deutschen Spiegelglasindustrie (Wanderung 19).
Braunschweig war einst Residenzstadt der auch weite Teile des Weserberglands umfassenden Welfenlande. Das Löwendenkmal auf Burg Dankwarderode (1887 neuromanisch wiedererrichtet) erinnert an den Gründer: Heinrich den Löwen. Er wurde 1142 Herzog von Sachsen und 1156 zugleich Herzog von Bayern und damit der mächtigste Herrscher in Deutschland neben seinem Vetter, dem staufischen Kaiser Friedrich I. Barbarossa. Auf dem Höhepunkt seiner Macht verfeindete sich der Löwe mit dem Rotbart, 1180 wurde er geächtet, sein Reich wurde zerschlagen und neu vergeben: Das westliche Sachsen

Beverungen
Verkehrsamt Stadt Beverungen, Weserstraße 10, 37677 Beverungen.
Fürstenberg
Verkehrsamt Fürstenberg, 37699 Fürstenberg.
Boffzen
Gemeindeverwaltung Boffzen, Heinrich-Ohm-Straße 21, 37691 Boffzen.
Höxter
Fremdenverkehrs- und Kulturamt der Stadt Höxter, Am Rathaus 7, 37671 Höxter.
Holzminden
Kulturamt Stadt Holzminden, Obere Straße 30, 37603 Holzminden.

erhielt der Erzbischof von Köln als „Herzogtum Westfalen", das östliche Sachsen fiel an die Askanier, Bayern an die Wittelsbacher. Vom einstigen Riesenreich blieben dem Löwen nur seine Eigengüter, und diese erhielt 1235 Otto das Kind als „Herzogtum Braunschweig-Lüneburg". Während der nördliche Teil (Lüneburg) von Teilungen wenig betroffen war, entstanden im südlichen Teil der Welfenlande durch Erbteilung mehrere Teilstaaten mit dem staatsrechtlichen Rang von Fürstentümern; der für das Weserbergland wichtigste Teilstaat war das im 14. Jahrhundert entstandene Herzogtum Braunschweig-Wolfenbüttel mit zahlreichen bedeutenden, Handel, Wirtschaft und Kunst fördernden Herrschern; der Dichter Gotthold Ephraim Lessing war vorübergehend Bibliothekar in Wolfenbüttel, von wo die Residenz 1753 nach Braunschweig verlegt wurde.

Höxter und Corvey

Etwa gegenüber von Fürstenberg öffnet sich links das Nethetal: Torartig flankiert von Wildberg und Brunsberg mündet hier die Nethe bei Godelheim in die Weser; auf den Muschelkalkklötzen von Wild- und Brunsberg finden sich altsächsische Ringwallanlagen, darunter die Brunsburg (Wanderung 11).

Durch das Nethetal verlief der Hellweg. Wegen der Überschwemmungsgefahr im Mündungsgebiet der Nethe überschritt er nicht hier die Weser, sondern wenige Kilometer flußabwärts, wo die spätere Stadt Höxter als Brückenort entstand. Der Hellweg war die uralte Durchgangsstraße zwischen Niederrhein und Magdeburg, von der Ruhrmündung zog er via Essen, Dortmund und Soest ostwärts, ehe er sich in Paderborn gabelte: Ein Strang zog nach Höxter, überschritt dort die Weser, hielt weseraufwärts, folgte dem Bevertal und passierte Stadtoldendorf; der andere Strang überschritt bei Hameln die Weser.

Wo die historische Hellweg-Handelsstraße die Weser Richtung Magdeburg überschritt, liegt die malerische Fachwerkstadt Höxter. Schon 822, als das Kloster vom Solling nach Corvey verlegt wurde, bestand hier eine dörfliche Siedlung, die zum Königsgut gehörende „villa regia Huxori". Östlich von ihr entstanden in der Folgezeit klosterabhängige Siedlungen, dank

Des Wanderers wohlverdiente Rast.

seiner günstigeren Lage konnte sich Höxter jedoch in der Rivalität zu Corvey behaupten. 1115 wurde in Höxter eine Weserbrücke gebaut, spätestens 1235 erhielt Höxter die Stadtrechte – eine Entwicklung, der die Corveyer Äbte gegenzusteuern versuchten, indem sie der Klostersiedlung Corvey städtische Rechte verliehen und um 1250 ebenfalls eine Weserbrücke bauen ließen. Höxter reagierte mit dem Bau einer Ringmauer, die auch die Zufahrtsstraße zur Klosterstadt abriegelte. Der Kampf gipfelte 1265 in der Zerstörung der Klosterstadt Corvey durch Höxter, das sich mit dem Paderborner Bischof verbündet hatte. Damit hatte sich die alte Marktsiedlung in über 400jährigem Existenzkampf gegenüber den Äbten behauptet. Die ehemalige Benediktinerabtei Corvey zählte bis ins 11. Jahrhundert zu den bedeutendsten deutschen Klöstern; das karolingische Westwerk der Klosterkirche ist das einzige weitgehend erhaltene seiner Art und eine Sehenswürdigkeit ersten Ranges.
Unterhalb von Corvey weitet sich das Wesertal noch einmal, und hier empfängt uns Holzminden.

Dampfer der Weserflotte an der Anlegestelle in Bad Karlshafen.

3

Von Forst bis Emmerthal

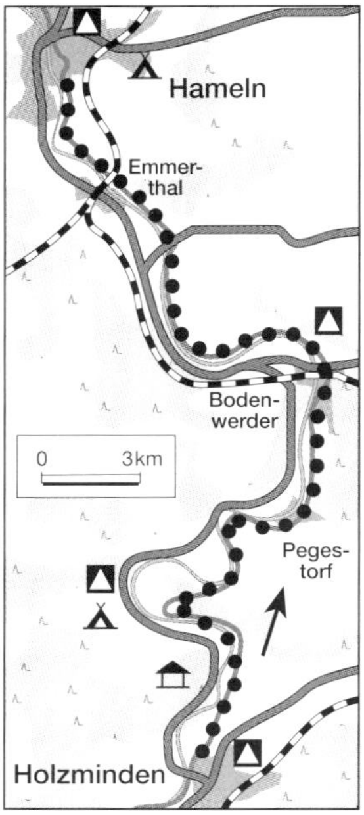

Ausgangsort: Rechts der Weser liegt an der B64 die niedersächsische Kreisstadt Holzminden.
Ausgangspunkt: Museumsschiff an der B64-Weserbrücke.
Wegverlauf: Der Weser-Radwanderweg folgt dem Fluß im rechten Uferbereich abwärts und berührt dabei die Orte Reileifzen, Dölme, Rühle, Bodenwerder, Hajen und Latferde, ehe Hameln erreicht ist.

Dieser Abschnitt der Weser-Flußwanderung führt durch den am wenigsten besiedelten und so gut wie nicht industrialisierten Teil des Oberwesertals.
Während bei Holzminden links des Flusses das Land zum Köterberg ansteigt, dem mit 497 Metern höchsten Gipfel des Lipper Berglands und zweithöchsten Gipfel des Weserberglands (Wanderung 13), mündet kurz unterhalb von Holzminden von rechts aus einer breiten Talweitung der Beverbach in die Weser, flankiert vom Solling und vom Eversteiner Burgberg. Durchs Bevertal zog der alte Hellweg nach Osten, heute führt die B64 durchs Bevertal, verbindet Weser und Leine und bildet den Anmarschweg für die Wanderungen Eversteiner Burgberg (Wanderung 13), Homburg (Wanderung 16), Elfas (Wanderung 17), Ith (Wanderungen 23–25), Hils (Wanderung 19) und Selterklippen (Wanderung 18).

Zwischen Polle, Rühler Schweiz und Vogler

Nach Passieren der Beverbach-Talweitung und des Dorfs Forst am Fuß des Eversteiner Burgbergs schwingt die Weser links. Damit beginnt ein durch weit ausholende Mäander gekennzeichneter Talabschnitt in Muschelkalk bzw. in der Verwerfung des Muschelkalks (Ottensteiner Hochfläche, links) gegen Buntsandstein (Vogler, rechts). Charakteristisch ist der ausgeprägte Wechsel zwischen Prall- und Gleithängen: In den Prallhängen am Eckberg zwischen Polle und Brevörde, am Kollberg bei Grave, am Tenterling bei der Steinmühle und an den Breitesteinklippen bei Rühle stehen die Felswände so steil bzw. sind die Klippen derart vom Fluß unterspült, daß die Straßen ins Gestein gesprengt werden mußten bzw. überhaupt kein Platz für Straßen war; die Gleithänge hingegen bieten geeignete Orte für Landwirtschaft und kleinere Siedlungen. Der verkehrsungünstige Wechsel zwischen steilen, zum Fluß abstürzenden bzw. von ihm unterspülten Prallhängen und kleinen Gleithangfluren war der Grund, daß auf dieser Mäanderstrecke keine einzige Stadt gegründet wurde. An der noch verkehrsgünstigsten Stelle ließen die Grafen von Everstein auf einem talbeherrschenden Bergkegel die Burg Polle errichten (poll = Bergkopf, Spitze, Hügel), nachdem sie 1284 ihre Stammburgen auf dem Eversteiner Burgberg an die Welfen verloren hatten; von Polle besteht eine Verkehrsverbindung durch den Falkenhager Graben westwärts ins Lippische. Trotz dieser relativ guten Verkehrsanbindung ist Polle ein Flecken geblieben – mit allen Vorteilen, die eine solche nichtstädtische, nichtindustrialisierte Siedlung bietet: malerischer Ortskern mit alten Gassen, Panoramablick vom alten Burgturm, Ruhe statt Autolärm. Polle ist das bedeutendste unter den sieben Dörfern dieses Talabschnitts, in dem bis heute jedwede Brückenverbindung zwischen West- und Ostufer fehlt: Zwischen Holzminden und Bodenwerder gibt es keine Straßenbrücke, auch nicht in Rühle, wo sich rechts der Weser der bewaldete Vogler rundet (Wanderung 15).

Der Vogler

Der Vogler präsentiert sich ganz anders als der durch wenige Bachtäler kaum gegliederte Solling: In Bodenwerder steigt er im Flußdreieck zwischen Weser und Lenne auf und bildet mit tiefen Tälern, schmalen Rücken und Steilhängen eine abwechslungsreiche Buntsandsteinberglandschaft zwischen den beiden Flüssen, ehe ihn im Südosten das Angerbachtal vom Homburgberg (Wanderung 16) trennt, während er im Süden in die Rühler Schweiz ausflacht. Mit Ausnahme der Senke um Heinrichshagen und Breitenkamp, des sogenannten Voglerkessels, bedeckt den Vogler eine geschlossene Walddecke. Wanderung 15 erschließt den Vogler von Rühle aus.

Emmerthal

Bei der Münchhausenstadt Bodenwerder, wo von rechts die den Vogler begrenzende Lenne in die Weser mündet, verliert der Muschelkalk der Ottensteiner Hochfläche seinen landschaftsgestaltenden Einfluß, das Tal wird sonnig und weit, der Fluß schwingt aus der bisherigen Nordrichtung nach Nordwe-

Wegcharkter: Der bequeme Radwanderweg hält sich überwiegend an nichtöffentliche Wege im Flußuferbereich, kann jedoch im Gebiet Hameln und Bodenwerder öffentliche Straßen nicht vermeiden.
Weglänge: 51 km auf dem Weser-Radwanderweg von Holzminden bis Hameln, davon 27 km bis Bodenwerder.
Anstiege: Die Strecke führt abwärts, es sind keine nennenswerten Anstiege zu bewältigen.
Einkehrmöglichkeiten: In allen Orten am Wegrand besteht Einkehrmöglichkeit.

Polle
Fremdenverkehrsamt Erholungsort Polle, Heinser Straße 11, 37647 Polle.
Bodenwerder
Verkehrsamt der Münchhausenstadt Bodenwerder, Weserstraße 3, 37616 Bodenwerder.
Emmerthal
Gemeinde Emmerthal, Berliner Straße 15, 31860 Emmerthal.

Dölme ist eines der ruhigen Dörfer im Weserabschnitt zwischen Holzminden und Bodenwerder.

sten, rechts in der Ferne zieht sich als markanteste Bergerscheinung der Ithkamm entlang (Wanderungen 23, 24 und 25). Mitten in diese idyllische, ruhige Talweitung wurde der Druckwasserreaktor Grohnde (1985) mit seiner 135 Meter hohen Kühlturmkulisse hineingebaut.

Kurz unterhalb des Atomkraftwerks mündet von links die Emmer, die aus dem Talkessel von Bad Pyrmont (Wanderung 26) herabfließt.

Von Hameln bis Minden

4

Dieser letzte Abschnitt der Weser-Flußwanderung folgt dem „Weser-Sonnental", einer Fruchtaue, zu der sich das Tal nach der Einmündung der Emmer oberhalb der Rattenfängerstadt Hameln weitet. An der Westfälischen Pforte durchbricht die Weser die Kette von Weser- und Wiehengebirge und fließt ins Tiefland hinaus.

Das Weser-Sonnental

Ein Talgefühl kommt im Weser-Sonnental zunächst kaum auf: Anstelle der oft dramatischen Felsformationen des Muschelkalks begleiten den Fluß nun weite Kulturlandschaften mit Ackerfluren auf mächtigen Lößlehmdeken, die Berge treten weit zurück, nirgendwo anders weist die Oberweser bisher ein derart geringes Gefälle auf wie auf den neun Kilometern zwischen der Emmermündung und Hameln. Die in der Rattenfängerstadt mündenden Täler von Hamel (rechts) und Humme erlauben weite Blicke bis zum Ith (Wanderungen 23, 24 und 25), zu Osterwald und Deister (Wanderung 27) und zu den Waldbergen um Bad Pyrmont (Wanderung 26).

Bei Fischbeck unterhalb von Hameln sinkt der Keuper unter die Talaue, an seine Stelle treten Tone und Tonschiefer; gleichzeitig rücken im Süntel die harten Kalkstufen des Oberen Jura näher an den Fluß heran und begrenzen markant das weite Tal, während die beackerten und bewaldeten Keuperberge links des Flusses unscharf zerfließen. Der harte, steile, teilweise in Klippen herauspräparierte Kamm zwingt die Weser aus der bisherigen Nordwestrichtung nach Westen und begleitet sie bis zur Porta Westfalica: Der breite Osttrakt dieses Sandsteinkamms ist der Süntel (Wanderung 28), seine schmale Westfortsetzung das Wesergebirge (Wanderung 29); westlich der Porta Westfalica setzt er sich im Wiehengebirge fort (Wanderung 30). Funde belegen, daß schon in der älteren Steinzeit Menschen im Talabschnitt zwischen Hameln und Porta siedelten. Die Kelten,

Ausgangsort: Hameln liegt an der Kreuzung der B1 Paderborn – Hildesheim mit der „Wesertalstraße" B83.

Ausgangspunkt: Altstadt Hameln an der Weser.

Wegverlauf: Von Hamlen folgt der Radwanderweg dem Fluß abwärts und berührt die Orte Fischbeck, Hessisch Oldendorf, Großenwieden, Rinteln, Uffeln und Porta Westfalica, ehe die Domstadt Minden erreicht ist.

Wegcharakter: Mit Ausnahme der ersten Kilometer (B83) folgt der Weser-Radwanderweg nichtöffentlichen Wegen oder kaum befahrenen Sträßchen.

Weglänge: Die längste Etappe des Weser-Radwanderwegs im Weserbergland ist 65 km lang, davon 13 km bis Hessich Oldendorf, 27 km bis Rinteln.

Anstiege: Die Strecke führt bequem weserabwärts, lediglich oberhalb von Uffeln ist ein kleiner Anstieg zu bewältigen.

Die Rattenfänger-Freilichtspiele in Hameln.

Markierung: Hinweisschilder Weser-Radwanderweg.
Einkehrmöglichkeiten: In allen Orten am Wegrand besteht Einkehrmöglichkeit.

die hier in der Bronzezeit lebten, hinterließen zahlreiche Grabhügel (links der Weser z. B. am Taubenberg bei Exten, rechts der Weser z. B. auf dem Hohenstein im Süntel). Ihnen folgten die Cherusker, nachgewiesen durch Brandgruben. Die Sachsen stießen von Norden her um 600 ins Tal (Ortsnamen mit der Endung -sen = -hausen) und hatten auf dem Hohenstein (Wanderung 28) ein zentrales Stammesheiligtum.

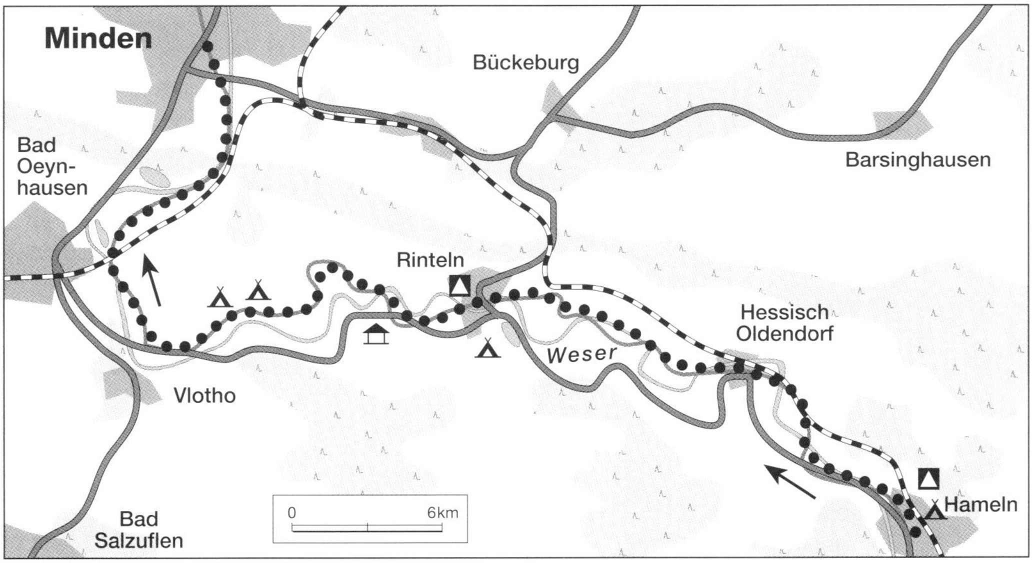

Im Schaumburger Land

Der Wesertalabschnitt um Süntel und Wesergebirge wird auch als Schaumburger Land bezeichnet. Zwischen Hessisch Oldendorf und Rinteln thront oberhalb des Flusses die sehenswerte Schaumburg, der Stammsitz der Schaumburger, Ausgangspunkt von Wanderung 29.

Fischbeck mit dem berühmten ehemaligen Augustiner-Kanonissenstift (heute Damenstift) am Südfuß des Süntel ist der älteste urkundlich belegte (892) Ort des Schaumburger Landes. 955 beurkundete König Otto I., der Große, die Stiftung des Klosters durch die aus einem sächsischen Grafengeschlecht stammende Edelherrin Helmburg und nahm die Neugründung unter königlichen Schutz. Mit Hilfe des Welfenherzogs Heinrich des-Löwen wurde 1147 ein Angriff des Benediktinerklosters Corvey auf die Selbständigkeit des Damenkonvents abgewehrt; als auch der Bischof von Minden versuchte, das Kloster unter seine Herrschaft zu bringen, löste Papst Hadrian IV. 1158 das Damenstift aus der bischöflichen Gerichtsbarkeit. Die Stiftskirche mit ihren unverfälscht erhaltenen romanischen Bauformen (um 1100) ist der besterhaltene Großbau des Weserraums vor Einführung der Monumentalwölbung. Die kreuzförmige, flachgedeckte Basilika mit Westriegel und Hallenkrypta enthält zahlreiche Ausstattungsstücke 12. bis aus der Zeit vom 18. Jahrhundert.

Im 13. Jahrhundert gründeten die Schaumburger Oldendorf an der Heerstraße Minden-Hildesheim und errichteten eine Zollstätte an der Weser, ab dem 14. Jahrhundert sind Stadtrechte für Oldendorf bezeugt. Während des Dreißigjährigen Kriegs, 1647, wurde Oldendorf hessisch. Nachdem Kurhessen 1866 von Preußen annektiert worden war, erhielt die Stadt 1905 den amtlichen Namen Hessisch Oldendorf zur Unterscheidung von anderen, damals preußischen Orten des Namens Oldendorf; es ist also kein Scherz, wenn eine Stadt in Niedersachsen „Hessisch“ Oldendorf heißt.

Der Münchhausen-Hof am Rand der Altstadt von Hessisch Oldendorf ist einer der bedeutendsten schaumburgischen Adelshöfe; er gelangte 1560 durch Heirat an die Familie von Münchhausen, die ihn 1582–85 im Stil der Weserrenaissance

Hameln
Verkehrsverein Hameln, Am Bürgergarten, 31785 Hameln.

Hessisch Oldendorf
Verkehrsamt Hessisch Oldendorf, Kirchplatz 4, 31840 Hessisch Oldendorf.

Rinteln
Fremdenverkehrsbüro Rinteln, Klosterstraße 20, 31737 Rinteln.

Vlotho
Tourist-Information Stadt Vlotho, Lange Straße 60, 32591 Vlotho.

Bad Oeynhausen
Verkehrsverein Bad Oeynhausen, Ostkorso 12, 32512 Bad Oeynhausen.

Porta Westfalica
Fremdenverkehrsamt Porta Westfalica, Kempstraße 4a, 32440 Porta Westfalica.

Minden
Verkehrsamt Stadt Minden, Großer Domhof 3, 32387 Minden.

Kreuzstein an der über 1000jährigen Margarethenkapelle auf der Wittekindsburg über dem Weserdurchbruch.

ausbauen ließ. Die sollingplattengedeckte evangelische Stadtkirche (erbaut um 1500, restauriert 1886) enthält ein prachtvolles Bronzetaufbeken (1590).

Der Weserdurchbruch

Wenn die Weser wenig später in westlicher Richtung die mittelalterliche Hafenstadt Rinteln – einst schaumburgische Haupt- und Universitätsstadt – und die alte Weserschifferstadt Vlotho passiert hat, knickt sie am Weserknie scharf nach Norden, schwingt am Spielkasino-Kurort Bad Oeynhausen nordostwärts, durchbricht in der Westfälischen Pforte die Kette von Wesergebirge und Wiehengebirge (Wanderung 30) und tritt dann in das Norddeutsche Tiefland aus. Nördlich der Westfälischen Pforte liegt Minden, das Einfallstor zum Weserbergland aus dem Norden.

Urwald Sababurg im Reinhardswald

5

Höhepunkte dieser Wanderung im Reinhardswald mit seinen großen Wildbeständen sind der Urwald Sababurg, der Blick vom Staufenberg und die Pirsch durch das naturschöne Holzapetal. Die Sababurg ist ein vielbesuchtes Ausflugsziel mit großem Tierpark, Forst- und Jagdmuseum.
Von den Informationstafeln gegenüber dem Parkplatz leitet die Markierung 1 rechts neben einer gewaltigen Buche ins Naturschutzgebiet Urwald Sababurg. Es ist kein Urwald im Sinn unberührten Naturwalds, sondern ein forstlich seit langem ungenutztes Laubwaldareal, das aus einem Hutewald hervorgegangen ist, d. h. aus einem Waldweidegebiet. In der zweiten Hälfte des 19. Jahrhunderts wurde die Waldweidenutzung aufgegeben, und wegen seiner malerischen Schönheit wurde ein sogenanntes Malerreservat bereits 1907 unter Schutz gestellt; die Initiative dazu ging von bildenden Künstlern aus. 200 bis 600 Jahre alte, zum Teil absterbende Hute-Eichen und über 400jährige Buchen sind das landschaftsprägende Element. In

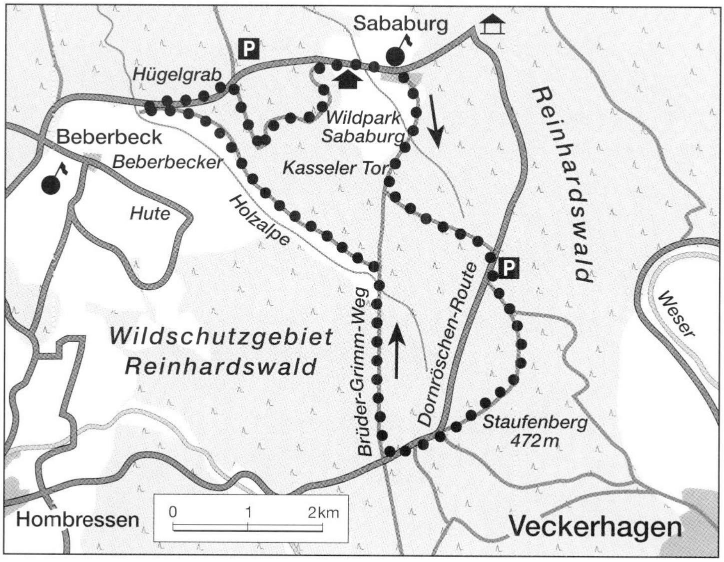

Ausgangsort: Die Stadt Hofgeismar im Essetal am Westrand des Reinhardswaldes ist auf der B83 Kassel – Höxter zu erreichen; nördlich von Hofgeismar zweigt die Straße Richtung „Tierpark Sababurg“ ab.
Ausgangspunkt: Der Wanderparkplatz Drecktor (305 m) liegt nordöstlich von Hofgeismar an der Straße Richtung Tierpark Sababurg.
Wegverlauf: Drecktor – Urwald Sababurg – Tierpark Sababurg – Sababurg – Staufenberg (472 m) – Brüder-Grimm-Weg – Holzapetal – Drecktor.
Wegcharakter: Waldpfade, Graswege und Forstwege.
Weglänge: 20 km Rundwanderung.
Anstiege: 350 Hm.
Gehzeit: 6 Stunden.
Markierungen: Wechselnd; siehe Routenbeschreibung.
Einkehrmöglichkeit: Sababurg.

Die sagenumwobene Sababurg ist noch als Ruine ein eindrucksvolles Denkmal.

dem 920 000 m^2 großen Schutzgebiet finden sich über 200 Arten der Insektenfauna und über 100 Pflanzenarten, die Pilze nicht mitgerechnet.
Unter gewaltigen Eichen und Buchen mit bizarren Formen zieht der 1-Pfad dahin, an nassen Stellen auf einem Holzplankensteg, und wenn uns die 7 begegnet, folgen wir dieser in sachtem Anstieg rechts, überschreiten einen Rücken und halten neben der Mauer des Sababurg-Tierparks abwärts, am Zaun links, gleich wieder rechts, dann mit x6 zum Eingang des Tierparks.

Dornröschenschloß im Reinhardswald

Der „historische Mauerpark" ist ein Tiergarten mit Uren, Wisenten, Wildpferden und anderen dynamischen Vierbeinern. Er wurde 1571 unter dem hessischen Landgrafen Wilhelm IV., dem Weisen, angelegt und 1971 wiedererrichtet; die alte, bis zu drei Meter hohe Einfriedungsmauer stammt aus den Jahren 1589–91. Die Besichtigung kann im Rahmen einer Kutschrundfahrt erfolgen, auch Ponyreiten wird angeboten.
Vom Eingang des Tierparks leitet die Markierung x neben der Mauer aufwärts zur sagenumwobenen, auf einer aussichtsreichen Basaltkuppe thronenden Sababurg. Sie ist die berühmteste Burg im Bereich des Reinhardswalds und gilt als Vorbild für das Dornröschenschloß der Brüder Grimm. Heute wird sie als Hotel genutzt (Gaststätte), die Parkanlagen mit den Ruinen sind gegen ein geringes Eintrittsgeld (Erwachsene 1 DM) zu besichtigen. Ursprünglich hieß die Sababurg Zapfenburg, die Sage von der riesenhaften Prinzessin Saba, die in der Burg umgeht, entstand angeblich erst später.
Der Mainzer Erzbischof ließ die Burg um 1300 errichten zum Schutz der Besitzungen des Erzstuhls im Diemel-Weser-Gebiet, mußte sie jedoch schon 1354 zur Hälfte an Hessen verpfänden, ehe sie 1429 ganz in den Besitz der Landgrafen kam. Diese legten ab 1490 über den Ruinen der alten Burg ein Jagdschloß mit Wildpark und Pferdezucht an; die zwei mächtigen Eckrundtürme – heute Wahrzeichen der Sababurg – erhielten 1644 ihre Barockhauben. Ab dem 18. Jahrhundert verfiel das Schloß, 1724 wurde das landgräfliche Pferdegestüt („Zapfen-

burger") ins benachbarte Beberbeck verlegt, 1826 erfolgte der teilweise Abbruch des Schlosses.

Zum Staufenberg

Die Hotelzufahrt leitet von der Sababurg abwärts, bis die Markierung x oberhalb des Großparkplatzes rechts abzweigt und durch ein Gattertor in das Wildschutzgebiet Reinhardswald führt. Der Forstweg zieht an einem großen Froschteich vorbei, dann verläßt x an einer verschlossenen Hütte das Schutzgebiet und wechselt durch ein Gattertor auf einen Waldpfad, der neben der Sababurg-Einfriedungsmauer zum ehemaligen Kasseler Tor zieht. Dort erwartet uns für kurze Zeit ein bequemer Grasweg, dann knickt x links auf den ausgeschilderten Forstweg Richtung Staufenberg. Während die Pfade bisher ein wenig Konzentration beim Gehen verlangt haben, ist nun bis zur Staufenberghütte hurtiges Ausschreiten angesagt, wobei als Ziel bald der Staufenberg-Kegel ins Blickfeld rückt. Die Staufenbergschutzhütte mit Tischen und Bänken und ausgezeichnetem Westblick übers Essetal hinweg auf die Basaltkuppen um Hofgeismar, auf die Höhen von Habichtswald, Weserbergland und Lipper Bergland ist ein schöner Rastplatz.
Neben der Hütte findet sich ein Tor im Wildschutzgatter, und durch dieses ist der Staufenberg in wenigen Minuten auf einem Pfad zu erreichen. Die Basaltkuppen von Gahrenberg und Staufenberg, beide 472 Meter hoch, sind die höchsten Berge des Reinhardwalds. Alte Buchen stehen auf dem Staufenberg, viel Aussicht gibt es nicht, doch ist es stimmungsvoll, an der Abbruchkante oberhalb der überwachsenen ehemaligen Basaltsteinbrüche zu sitzen und dem Rauschen der alten Bäume zu lauschen.

Durchs wildreiche Holzapetal

Von der Staufenbergschutzhütte hält der Forstweg abwärts, die Markierung ⊥ durchzieht Wildäsungsgebiet und folgt dann zwei Minuten einer Straße; ehe ⊥ rechts abzweigt, ist ein Wildbeobachtungsstand ausgeschildert. Gleich nach der Abzweigung trifft ⊥ auf den Brüder-Grimm-Weg, und dieser, markiert mit x3,

Die Sage bringt den Namen Reinhardswald mit einem finsteren Grafen in Zusammenhang, der sein Land beim Spielen verlor. Er bat seine Gläubiger, vor Begleichen der Schulden noch einmal säen und die darauffolgende Ernte einbringen zu dürfen. Die Gläubiger willigten ein. Darauf verwüsteten Reinhard und seine Männer das Land, vertrieben die Menschen und säten Eicheln und Bucheckern aus. Eine Ernte war nun nicht mehr einzubringen; da die Gläubiger Reinhard jedoch zugesichert hatten, er dürfe das Land bis zur nächsten Ernte behalten, blieb Reinhard im Besitz seiner Grafschaft.

Riesige Buchen und Eichen prägen den aus einem Hutewald hervorgegangenen „Urwald Sababurg“.

weist nun die Route (rechts). Von alten Eichen flankiert, zieht er bequem dahin und senkt sich schließlich in den Quellbereich der Holzape. Nach Überschreiten des Bächleins zweigt links an einem Schutzgebietsschild der Grasweg in dieses wunderschöne Wald- und Wiesental ab. An der Abzweigung bergen sich abends im Waldsaum Leute, die das Wild beobachten wollen; der Weg darf nicht in der Dämmerung begangen werden, ein entsprechendes Hinweisschild fehlt leider.
Je weiter der Grasweg hinabführt, desto phantastischer wird die Natur im Holzapetal. Nach Durchschreiten eines Wildgattertors zieht der Grasweg am Waldsaum weiter, links öffnen sich aussichtsreiche Viehweiden mit alten Weidbäumen. Zuletzt erreichen wir die Markierung x6, und diese leitet auf einem Pfad in Straßennähe zum Ausgangspunkt zurück.

Von der Bramburg auf den Totenberg

6

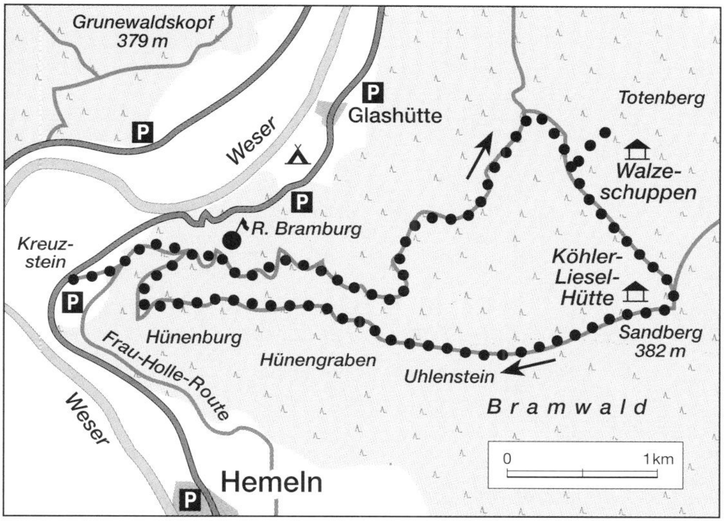

Im Hüttenbuch des Walzeschuppens am Totenberg sind enthusiastische Zeilen über das Wandern im Bramwald zu lesen. Der uralte Kreuzstein am Ausgangspunkt, Hünenburg und Hünengraben auf dem steil abfallenden Berg, die Bramburg hoch über der Weser als Schutz des alten Klosters Bursfelde, der Totenberg als höchste Erhebung des Bramwalds – all dies verspricht eine Wanderung auf den Spuren uralter Geschichte.

Kreuzstein – Mordstein – Sühnestein

Kreuzsteine sind selten gewordene Zeugen ältester Zeit. Im Volksmund heißen sie Mordkreuze oder Sühnekreuze, da nach jahrhundertelang geltendem Rechtsbrauch – von vorchristlicher Zeit bis weit ins Mittelalter hinein – zur Erinnerung an den Ermordeten oder durch Unfall ums Leben Gekommenen ein solches Kreuz errichtet werden mußte (vgl. den Kreuzstein von 1584 bei Wanderung 28). Der älteste Kreuzstein Westfalens am Fuß des Hersteller Burgbergs trägt zwar die Jahreszahl 779,

Ausgangsort: Die Stadt Hannoversch Münden am Zusammenfluß von Werra und Fulda ist über die A7 Kassel – Göttingen, Ausfahrte Hannoversch Münden zu erreichen.
Ausgangspunkt: Der Wanderparkplatz Kreuzstein (142 m) liegt an der „Deutschen Märchenstraße“ nördlich von Hannoversch Münden zwischen Hemeln und Glashütte.
Wegverlauf: Kreuzstein – Bramburg – Walzeschuppen – Totenberg (408 m) – Köhler-Liesel-Hütte – Hünengraben/Hünenburg – Bramburg – Kreuzstein.
Wegcharakter: Zwar folgt die Hauptwanderung ausschließlich kinderwagenfähigen Wegen, doch wer die erwähnten Kulturwerke aufspüren will, muß vom Wege abweichen und durch Dick und Dünn stöbern; festes Schuhwerk ist daher empfehlenswert.
Weglänge: 15 km Rundwanderung.

Anstiege: Gut 300 Hm.
Gehzeit: 4–5 Stunden.
Markierungen: Wechselnd, siehe Routenbeschreibung.
Einkehrmöglichkeiten: Keine.

doch wurde diese erst später hinzugefügt, vielleicht in der Absicht, das Kreuz als christliches Symbol auszuweisen. Ursprünglich hatten die Wegkreuze keinen Bezug zum Christentum, sondern waren als unheimlich angesehene und entsprechend sagenumwobene Mordsühnekreuze. Allerdings ist die ursprüngliche Bedeutung der Kreuze nicht ganz geklärt, da sich Kreuzsteine nicht nur als Sühnekreuze am Wegrand finden, sondern auch an Gerichtsstätten. Einige Forscher behaupten daher, die alten Kreuzsteine hätten in vorchristlicher Zeit die Funktion von Malsteinen an Tingplätzen gehabt (Tingplatz = Versammlungsplatz, an dem auch Rechtsdinge verhandelt wurden). Sicher jedenfalls ist, daß die neuzeitlichen Bildstöcke, die Marterl, Nachfolger der alten Sühnekreuze sind: Wie die Steinkreuze stehen Marterl an Orten, an denen ein Mensch durch Unfall oder Verbrechen ums Leben kam.

Zur Bramburg hoch über dem Wesertal

Vom Kreuzstein-Parkplatz zieht der Weg an einer Orientierungstafel vorbei bergwärts, zunächst mit Blick auf den Reinhardswald jenseits der Weser, dann im Laubwald. In der Kurve vor der Stelle, wo sich der Weg nach einer Viertelstunde in den Bramburg- und den Hünengrabenweg teilt, zweigt links ein Pfad zur Bramburg ab, von der noch der mächtige Bergfried steht. Wann auf dem Bergsporn, der nach drei Seiten hin steil abstürzt, die erste Burg errichtet wurde, ist nicht bekannt. Außer dem Namen Bramburg ist der Name Ottensburg überliefert, und dieser wird mit dem sächsischen Herzog Otto dem Erlauchten (880–912) in Verbindung gebracht.
Nachdem Graf Heinrich der Dicke von Northeim 1093 die Benediktinerabtei Bursfelde an der Niememündung gegründet hatte, ließ er die Bramburg – sie wird 1063 erstmals urkundlich erwähnt – zum Schutz des Klosters ausbauen. Sie kontrollierte den Weserbogen im Mündungsbereich von Nieme, Olbe und Hemelbach. Später verkam sie zum Raubritternest, 1458 ließ Landgraf Wilhelm von Thüringen sie deshalb erstürmen, 1494 wurde sie zerstört.
Der 34 Meter hohe Bergfried wurde nach dem Ersten Weltkrieg wiederhergestellt, vorübergehend gab es hier eine Gaststätte.

Auf den Totenberg

Vom Bergfried zieht der Bramburgweg in der steil abfallenden Nordflanke des Hünenburg-Bergsporns sacht aufwärts. Daß die meisten Aussichtsstellen zugewachsen sind, ist ein wenig schade. Weiter oben, die Kammhöhe ist schon fast erreicht, ändert sich plötzlich links der Wald: Er wird zum Naturwald, alte Buchen stehen da, und unwillkürlich folgt man einem mit einem weißen Punkt markierten Pfad auf einem steil abfallenden Sporn oberhalb von Glashütte, Aussicht ahnend, aber ach, sie ist zugewachsen. Gleichwohl sei auf diese stimmungsvolle Stelle verwiesen.
Wenig oberhalb ist an einer Wegeverzweigung die Kammhöhe am Totenberg erreicht. Während die Markierung x, die hierher geleitet hat, links hinab schwingt, folgen wir einem Forstweg auf etwa gleichbleibender Höhe halbrechts wenige Minuten zum Walzeschuppen, einer Schutzhütte an einer Wegespinne (400 Meter). Hier ist die Rast wohlverdient.
Dem Hüttenbuch ist zu entnehmen, daß einige Wanderer diese Hütte als „Gipfel“ der Wanderung empfinden. Aber es gibt auch Wanderer, die gern auf dem richtigen Gipfel stehen. Der Abstecher zum Totenberggipfel ist empfehlenswert, allerdings darf er nur so weit führen, bis Verbotsschilder das Weitergehen untersagen: Der Totenberg steht unter Schutz; ein 338 Hektar großes Randgebiet wird weiterhin forstlich bewirtschaftet, aber derart, daß die alten Waldbestände in ihrer Naturnähe erhalten und gefördert werden; das 82 Hektar große Kerngebiet soll sich als Naturwald ohne jeden menschlichen Eingriff auf natürlichem Wege weiterentwickeln. Wer den Abstecher nicht unternehmen will, kann gleich auf dem abwärts führenden Weg zur Köhler-Liesel-Hütte weitergehen (dann minus drei Kilometer).

Vom Steimcketal zur Hünenburg

Ein weiterer Höhepunkt dieser Wanderung ist das teilweise unter Naturschutz stehende Steimcketal. Vom Walzeschuppen herabkommend, wird es an der Wegekreuzung bei der Köhler-Liesel-Hütte (360 Meter) erreicht einer im Stil einer Köhlerhütte errichteten, winzigen Schutzhütte mit Tisch und Bänken. Wer

Der Bergfried der Bramburg
Der Bergfried war der Hauptturm einer Burg. Er stand frei im Burginnern oder angelehnt an die Burgmauer. Er hatte keine Wohnfunktion, sondern war als Verteidigungsanlage konzipiert. Oft diente er den Verteidigern als letzte Zuflucht. Einige Burgen hatten zwei Bergfriede, etwa die Homburg (Wanderung 12). Die Herkunft des Worts „Bergfried“ ist unklar; volksetymologisch wird es auf mittelhochdeutsch berc = Berg und vrid = Schutz/Sicherheit zurückgeführt.

Am Totenberg lädt der Walzeschuppen zur wohlverdienten Rast. Den Einträgen im Hüttenbuch ist zu entnehmen, daß ihn viele als Höhepunkt dieser Wanderung empfinden.

von der Schutzhütte wenige Schritte talabwärts geht, stößt auf einen idyllischen Teich mit zwei alten Sitzbänken.

Von der Köhler-Liesel-Hütte zieht die Markierung = steimcketalaufwärts (Richtung „Lange Bahn"), ein schnurgerader Forstweg führt auf den Kamm zurück, zuletzt ohne Markierung. Nach Überschreiten des Kamms geht es ohne Markierung geradeaus weiter, sacht abwärts. Wo der Weg in den Sattel vor dem „Fliehburg"-Berg stößt, tauchen plötzlich rechts Markierungen auf; ihnen folgen wir zur Bramburg zurück. Die Fliehburg, der Hünengraben, die Hünenburg – all dies ist nicht ausgeschildert. Wer sich für derlei Kulturdenkmäler aus der alten Zeit interessiert, folge einem der aufgelassenen Graswege, die bergseitig abzweigen. Sie führen zur steil nach Süden abbrechenden Kante – alles andere als Gehgelände. Auch wenn nicht mehr viel davon zu sehen ist, läßt sich zumindest die Topographie dieser alten Orte erleben. Die Wissenschaft deutet das Steinwerk als alte Befestigungsanlage („Fliehburg"); durch Funde erwiesen ist ihr Vorhandensein seit den Sachsenkriegen Karls des Großen im 8. Jahrhundert.

Die Schalensteine am Hohen Hagen

7

Der Hohe Hagen war jahrtausendelang eine 508 Meter hohe, isoliert aus der Dransfelder Hochfläche aufragende Basaltkuppe, die an klaren Tagen einzigartige Rundschau über das Weserbergland, weit hinein ins Hessische Bergland, zum Harz und bis zu den Kämmen von Teutoburger und Thüringer Wald bot. Seit der Zeit der Christianisierung war der Hohe Hagen in Klosterbesitz, doch im Jahr 1528 erwarb die Stadt Dransfeld den Berg vom Kloster Hilwartshausen. Die neue Eigentümerin hat später den Hohen Hagen abbauen und neben dem Steinbruch-Krater einen Funkturm errichten lassen, auf dem die beschriebene Aussicht heute zu genießen ist. Das Steinbruchgelände und der Turm, in dem sich eine Gaststätte und das Gaußmuseum finden, sind ein beliebtes, auf einer Straße erreichbares Ausflugsziel mit Kinderspielplatz. Wir wollen dieses Ausflugsziel nicht mit Motorenkraft erreichen, denn die prachtvollen Laubwälder im Landschaftsschutzgebiet Hoher Hagen sind voll natürlicher Ruhe und Schönheit.

Zu den Auschnippewiesen

Ein paar Runden im Waldschwimmbad eröffnen die Wanderung, am besten frühmorgens, wenn noch kein Gedränge herrscht. Zwischen Hoher-Hagen-Straße und Campingplatz zieht dann ein alleeartig von Bäumen flankierter Weg sacht aufwärts, schwingt am Schild „Fußweg zum Gaußturm“ halbrechts und taucht in die Wälder des Landschaftsschutzgebiets. Uns erwartet prachtvoller Laubwald mit Gras- und Krautschicht, und wer ihn nicht nur vom Forstweg aus erleben will, folge dem ausgeschilderten Trimmpfad, der beim Eintritt in den Wald talwärts abzweigt – ein „Umweg“ von nur wenigen hundert Metern in reicher Natur.

Wo der Forstweg wenig später an Kuhweiden aus dem Wald tritt – hier biegt auch der Trimmpfad wieder ein –, ist eine schöne Raststelle mit Sitzbänken erreicht.

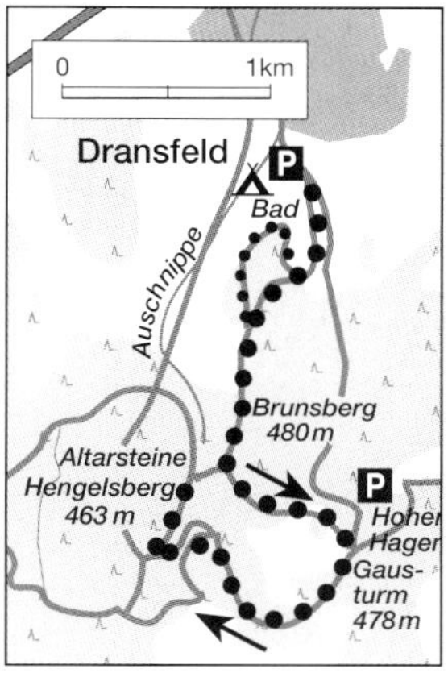

Ausgangsort: Die Stadt Dransfeld liegt an der B3 zwischen Hannoversch Münden und Göttingen.
Ausgangspunkt: Großparkplatz am Waldschwimmbad am südlichen Ortsrand von Dransfeld. In Dransfeld von der B3 auf die Hoher-Hagen-Straße Richtung Camping abbiegen.
Wegverlauf: Waldschwimmbad – Gieseke-Denkmal – Altarsteine – Gieseke-Denkmal – Hoher Hagen – Steinbruch – Altarsteine – Gieseke-Denkmal – Waldschwimmbad.
Wegcharakter: Überwiegend Waldwege, am Hohen Hagen auch Pfade.

Weglänge: 10 km Rundwanderung.
Anstiege: 250 Hm.
Gehzeit: 3 Stunden.
Markierungen: Siehe Routenbeschreibung.
Einkehrmöglichkeit: Gaußturm am Hohen Hagen.

Die Altarsteine

Zwischen Auschnippewiesen und Wald zieht der Weg weiter aufwärts, taucht in Laubwald und erreicht die Wegeverzweigung am Exzellenz-Gieseke-Denkmal. Hier zeigt ein Schild bergwärts zum Gaußturm, aber es ist schöner, noch ein wenig im Wald zu bleiben: Die Markierung x leitet sacht abwärts, wo nach drei Minuten die Altarsteine mit Sitzbänken und einer Schutzhütte im Stil einer Köhlerhütte zur Rast laden. Die Sandsteinblöcke im Sattelbereich von Hengelsberg, Brunsberg und Hohem Hagen werden als alte Kultstätte gedeutet.
Der größte, in zwei Teile zerbrochene Felsblock, ist ein Schalenstein. Auf ihm finden sich mehr als ein Dutzend von Menschenhand ausgehöhlte, näpfchenartige Vertiefungen. Schalensteine, die ältesten aus der Jungsteinzeit, sind aus ganz Europa, aber auch aus Palästina und Indien bekannt. Wo sie sich auf Decksteinen vorgeschichtlicher Gräber finden, nimmt man an, daß sie Speiseopfer für die Toten enthielten. Nun ist der Altarstein am Hohen Hagen aber kein Grabstein, sondern anstehender Fels, außerdem finden sich die Näpfchen nicht nur an der Oberfläche, sondern auch seitlich. Dies könnte bedeuten, daß die Steingruppe selbst als heilig angesehen wurde: Die Menschen wetzten die Näpfchen aus, um aus den Felsen Steinstaub zu gewinnen und diesen als „Heil"-Mittel zu verwenden – ein im Mittelalter so weit verbreiteter Glaube, daß auch in Kirchenmauern Näpfchen und Rillen zur Gewinnung des Heilstaubs geritzt wurden. Wann derlei an den Schalensteinen geschah, ist nicht bekannt.

Der Hohe Hagen

Von den Altarsteinen leitet die Markierung x zurück, am Exzellenz-Gieseke-Denkmal vorbei und hinauf zum Hohen Hagen. Den Berg allerdings gibt es wie gesagt nicht mehr. An seiner Stelle öffnet sich der mehr als 100 Meter tiefe Krater eines Basaltsteinbruchs, der Berg ist verschwunden. Nach den Altarsteinen ist dies ein interessantes Beispiel dafür, wie sich das Verhalten gegenüber der Natur geändert hat: Die Menschen der Vorzeit nahmen etwas vom Stein, sie wetzten „heiligen" Staub

Vom Waldsaum schweift der Blick über das Wiesental der Auschnippe hinweg auf den Bramwald.

heraus und verwendeten ihn als „Heil"-Mittel; die Spuren sind erkennbar, doch der „heilige" Stein steht bis heute; nur an Profit orientierte Heutige nehmen nicht etwas vom Stein, sie nehmen den ganzen Berg – bis nichts mehr von ihm übrig ist. Eine Plakette verkündet, daß der Dransfelder Basaltabbau 1987 eingestellt wurde.

Die Forschungen von Gauß

Die Markierung x führt an der Kante des Steinbruchs entlang zum Gaußturm, einem Funkturm mit Restaurant- und Museumsetage neben dem Kraterloch. Ab 1821 benutzte der Mathematiker, Astronom und Physiker Carl Friedrich Gauß die Basaltkuppe als Triangulationspunkt während der Vermessung des Königreichs Hannover. Die Triangulation (zu deutsch „Dreiecksmessung") ist ein Verfahren zur Vermessung der Erdoberfläche. Die Festpunkte dieser Messung begegnen uns immer wieder: Es sind die trigonometrischen Punkte (TP). Die TP werden durch kürzeste Linien so verbunden, daß ein System von Dreiecken entsteht, das sogenannte Festpunktnetz oder Dreiecksnetz. Gauß, ab 1807 Professor der Astronomie und Direktor der Sternwarte in Göttingen, benutzte zur Vermessung den Hohen Hagen als Festpunkt. Dabei arbeitete er mit einem eigens von ihm entwickelten Gerät, dem Heliotrop (zu deutsch

Schutzhütte in Form einer Köhlerhütte an den Altarsteinen am Hohen Hagen.

„Sonnenwender"), das Zielpunkte auf größere Entfernungen hin sichtbar macht: Ein Spiegel, der dem Sonnenstand nachgeführt wird, reflektiert das Sonnenlicht auf einen zweiten Spiegel, und dieser wirft das Licht in die Ziellinie. Auf diese Weise bestimmte Gauß das bis dahin größte Festpunkt-Dreieck: Hoher Hagen – Brocken (Harz) – Großer Inselsberg (Thüringer Wald). An diese Arbeiten erinnert das Museum im Gaußturm. Gauß hätte sich sicherlich nicht träumen lassen, daß es den Berg, auf dem er damals einzigartige Aussicht genoß, bald nicht mehr geben würde. 1911 wurde ein „Gaußturm" zur Erinnerung an die Arbeiten des Forschers errichtet. Der alte Turm stürzte durch den Basaltabbau ein. Der jetzige „Gaußturm", der Funkturm, wurde 1964 eröffnet.
Die Hänge des Steinbruchkraters wurden rekultiviert: Man pflanzte Bäumchen, ein Spazierweg führt in den Krater hinab, unten steht eine Sitzbank, und nach Süden bietet sich eine hervorragende Aussicht aufs Hessische Bergland. Dieser Abstecher in den ehemaligen Steinbruch und sein aussichtsreiches Umfeld ist empfehlenswert und in der Angabe der Routenlänge mit etwa 1,5 Kilometern veranschlagt.

Hoher Hagen einst

Vom Parkplatz am Gaußturm auf der für den Autoverkehr gesperrten Steinbruchstraße weitergehend, zweigt nach wenigen Schritten der mit einer gelben 3 markierte Hoher-Hagen-Rundweg ab. Die 3 leitet auf einem Waldweg abwärts, folgt kurz der alten Steinbruchstraße, zweigt rechts auf ein grasiges Weglein ab und durchzieht unterhalb des Steinbruchgeländes die Wälder des Hohen Hagen. So war es hier zu Zeiten des Professors Gauß und auch schon früher: mächtige Laubwälder, natürliche Stille. Schließlich mündet das Weglein auf einen Forstweg, und dieser leitet mit der 3 auwärts und zu den Altarsteinen zurück. Unterhalb der Wegmündung finden sich Hügelgräber. Auch auf dem Brunsberg, der sich rechter Hand erhebt, während wir wie beim Hinweg von den Altarsteinen zurückgehen, wurden in alter Zeit die Toten in Hügelgräbern bestattet.

Zum Lug-ins-Land bei den Hannoverschen Klippen

8

Der Lug-ins-Land unterhalb von Bad Karlshafen zählt zu den romantischsten Aussichtspunkten im Weserbergland. Erreicht wird er nach der Pirsch über die Hannoverschen Klippen und der anschließenden bequemen Wanderung über die waldbedeckten Zungen, mit denen der Solling an den Fluß vorstößt.

Felspfeiler, Eichengreise, Hünengräber

Nach Überschreiten der Weserbrücke oberhalb der Schifffahrtsanlegegestelle informiert beim Stadt-Café eine Übersichtstafel: Die Markierung gelb-K wird mit wechselnden Zahlenzusätzen den Weg weisen. Zunächst geht es am Sole-Freibad vorbei sacht aufwärts, dann mit der Radwegebeschil-

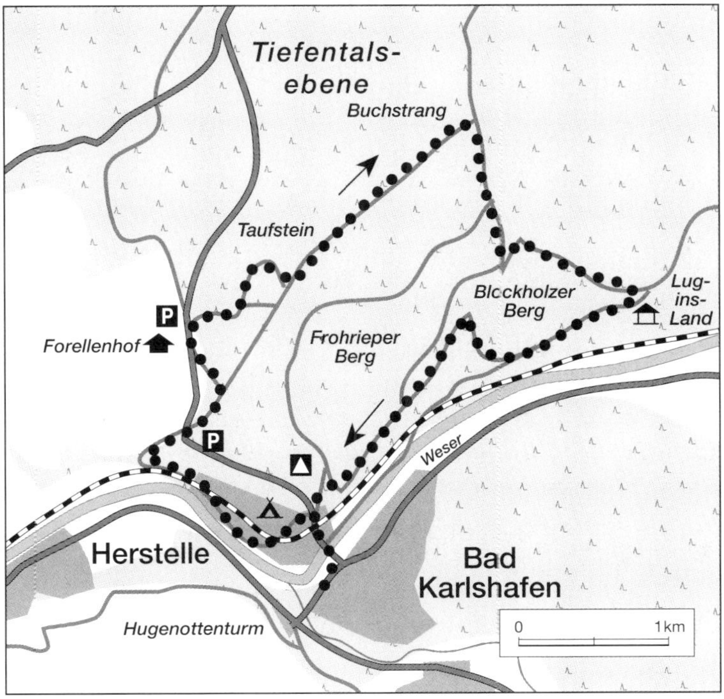

Ausgangsort: Die Stadt Bad Karlshafen an der Mündung der Diemel in die Weser liegt an der B83 Kassel – Holzminden, in die hier die von Hannoversch Münden heraufführende B80 mündet.
Ausgangspunkt: Parkplatz (100 m) an der Weserschiffahrtsanlegestelle Bad Karlshafen.
Wegcharakter: Im Anschluß an den Steig durch die Hannoverschen Klippen überwiegend breite Forstwege im Wald.
Wegverlauf: Bad Karlshafen – Hannoversche Klippen – Forellenhof – Hügelgräber – Buchstrang – Lug-ins-Land – Römerblick – Sperriesgrund – Ferriesgrund – Bad Karlshafen.
Weglänge: 15 km Rundwanderung.
Anstiege: 300 Hm.
Gehzeit: 4 Stunden.
Markierungen: Gelbes K.
Einkehrmöglichkeit: Forellenhof.

derung ohne gelbes-K geradeaus zum Bahnhof hinab und auf dem kaum befahrenen Asphaltweg weiter; nach Überschreiten der Gleise zweigt gelbes-K zu den Klippen ab. Rasch hält der Pfad in üppigem Laubwald aufwärts und quert dann in sachtem Anstieg den Steilhang, teils geländergesichert, teils mit Stufen und anderen Steighilfen, ehe uns auf der ersten Hannoverschen Klippe eine Aussichtskanzel hoch über dem Fluß empfängt.

Ab hier ist der Steilhangsteig gesperrt, so daß die weiteren Hannoverschen Klippen nicht besucht werden können. K leitet bergwärts, und wenn der Pfad oben die Straße erreicht, ist ein Abstecher mit K-39 nach links empfehlenswert: Der Waldpfad folgt der Abbruchkante und erlaubt phantastische Einblicke in das Naturschutzgebiet mit seinen uralten Laubbaumindividuen. Wir folgen dem Pfad etwa zehn Minuten, wechseln dann rechts auf einen aussichtsreichen Feldweg, kehren auf diesem zur Straße zurück, die wir an einer gewaltigen Eiche erreichen.

K wechselt auf einen Forstweg und zweigt bald auf einen Pfad zum „Forellenhof“ ab. In der Umgebung der Gaststätte stehen wiederum enorme Eichen.

Vom Forellenhof zieht K waldeinwärts und wir finden ein Schild „Hügelgräber“. Die aus der Bronzezeit (1900–650 v. Chr.) stammenden Grabhügel wölben sich am Waldrand in einem jungen Buchen- und Lärchenaufforstungsgebiet.

Farne begleiten fast alle Wege während der Wanderung im Solling.

Lug-ins-Land und Römerblick

Bei den Hügelgräbern wechselt K auf einen Forstweg und führt lange ruhig durch den Wald. Am Wegedreieck an der Stempelstelle „Buchstrang“ zweigt das gelbe-K rechts ab, und nun weist neben K jeweils die Beschilderung „Lug-ins-Land“ an Verzweigungen den Weg. Der Lug-ins-Land ist eine von alten Buchen bestandene Bergnase, auf der Schutzhütte, Bänke und Tisch zur Rast laden. Hoch über der Weser schweift der Blick über das Bergland Richtung Uslar und über die Wölbung des Reinhardswalds. Die Stämme mächtiger Buchen und weit ausladendes Blätterdach rahmen wie in einer Theaterloge den Blick – ein schöner Rastpunkt.

Beim Lug-ins-Land zieht K in spitzem Winkel zum bisherigen Weg weserseitig hinab. An der ersten K-Verzweigung wechseln

Die Sonne durchbricht die Morgennebel in den Wäldern beim Forellenhof.

wir mit K-34 auf den oberen Weg. Mit einigen Ausblicken auf die Weser und auf Bad Karlshafen quert der Grasweg den Hang und mündet am „Römerblick“ auf einen Forstweg. Auf diesem leitet K-34 uns sacht abwärts, zweigt im Schlußbereich des Sperriesgrunds links ab und zieht durch den Buchenwald, dann führt K auf einem Forstweg nach Bad Karlshafen zurück.

9

Vom Lakenteich zum Sollingturm

Ausgangsort: In der Stadt Uslar am Südrand des Solling im Kreis Northeim kreuzen sich die B241 Beverungen – Northeim und die B497 Holzminden – Göttingen.
Ausgangspunkt: Wanderparkplatz am Lakenteich (340 m) nordnordöstlich von Uslar. Auf der Straße von Uslar Richtung Dassel , zweigt im Straßenknie am Neuen Teich ein kleines Sträßchen ab, das nach wenigen Minuten den Lakenteich erreicht.
Wegverlauf: Lakenteich – Forsthaus Steinborn – Reiterhof – Sollingturm (444 m) – Neuer Teich – Lakenteich.
Wegcharakter: Außer am Anfang der Wanderung durchweg bequeme Forstwege.
Weglänge: 17 km Rundwanderung.
Anstiege: 300 Hm.
Gehzeit: 4–5 Stunden.
Markierungen: Siehe Routenbeschreibung.
Einkehrmöglichkeiten: Keine.

Höhepunkte dieser geruhsamen Wanderung sind die Idylle des Lakenteichs, die Ruhe in den Wäldern und die Rundschau vom Sollingturm auf dem Strutberg.
Der Lakenteich ist eine von Büschen, Bäumen und – weiter abwärts – Kuhwiesen gerahmte Idylle unterm Lakenberg. 1680, vor mehr als 300 Jahren, wurde er zum Zweck der Holztrift als Schwellteich angelegt: Mit Hilfe der Wasserschwälle, die sich bei Öffnen der Schleuse aus dem Teich ergossen, wurde das zuvor in den Lakenbach transportierte Buchenholz in die Ilme und ilmeabwärts zur Leine getriftet.
Vom Parkplatz führt oberhalb des Wanderwegepfahls ein Grasweg halbrechts in den Fichtenwald hinauf und trifft nach Überschreiten eines Küppchens auf den breiten Forstweg mit der Markierung x19/14; der Weg leitet sacht aufwärts und dann ebenso sacht abwärts, in völliger Ruhe, meist in Fichtenwäldern, weiter unten auch in ausgedehnten Eichenbeständen.
An der bäuerlichen Rodung um das Forsthaus Silberborn mit Hühnern, Kuhwiesen und Pferdekoppeln hält x19 links, wandert durch die Wälder, senkt sich zur wasserwirtschaftlich umbauten Lunaquelle und spaziert dann aussichtsreich und sonnig am Waldsaum zum Reiterhof. Vor dem Reiterhof zweigt x in spitzem Winkel ab und steigt den Strutberg hinauf, zuletzt in einem hübschen Tälchen mit einem winzigen Teich, zuallerletzt auf einen weiteren Forstweg mündend; an diesem Forstwegedreieck findet sich ein größerer Teich, und obwohl hier keine Sitzbänke stehen, ist es ein stimmungsvoller Rastplatz.
Am Forstwegedreieck beim Teich wechselt x19 auf ein Holperweglein und erklimmt die Spitze des Strutbergs, aus dessen Wäldern der steinerne Sollingturm als Lugaus ragt: prächtiger Süd-, Südwest- und Südostblick.
Vom Turm geht es zurück zum Teich beim Wegedreieck und nun geradeaus weiter, am Teich und der anschließenden Rodung vorbei sacht aufwärts. Schon bald macht der Weg eine Kurve nach rechts (geradeaus führt ein Grasweg weiter) und

gleich wieder nach links; das tun wir auch, denn es ist zwar schön, dem geradeaus führenden Grasweg zu folgen, aber dieser stößt bald ins Bärenbruch und verwildert dort derart, daß seine Begehung aus Naturschutzgründen unterbleiben sollte. Der Forstweg hingegen bleibt rechts des Bruchs, wobei der Blick zwischen den Bäumen hindurch auf die weiten nassen Wiesen fällt; wer das näher sehen möchte, kann an einer Stelle einem Wirtschaftsweg folgen, der das Bruch durchquert.

Kurz nach Passieren der Abzweigung des Bruchwirtschaftswegs zieht unser Wanderweg leicht nach rechts, überschreitet den Bruchausfluß und mündet auf einen Wirtschaftsweg; an

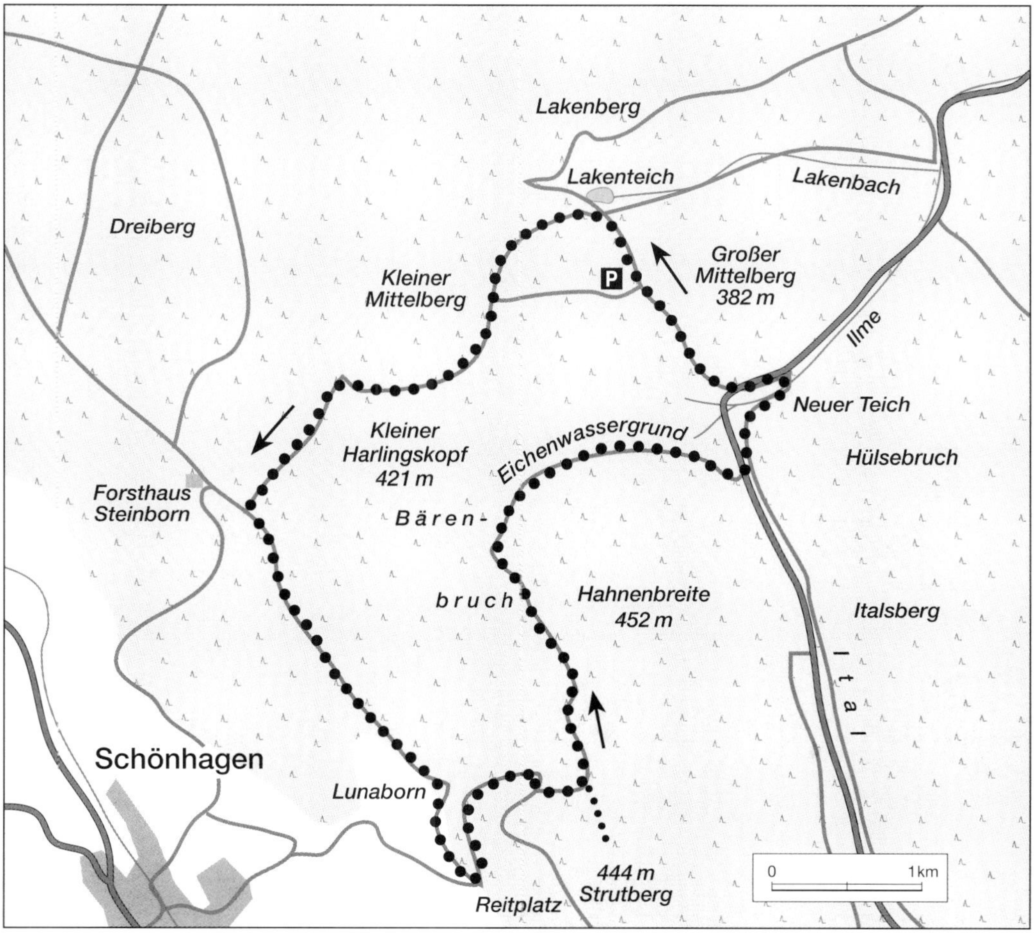

Der Lakenteich frühmorgens im Herbst.

diesem Wegedreieck gehen wir rechts in den Eichenwassergrund.

Schließlich führt der Eichenwassergrund-Weg doch sacht abwärts, aber wo es am schönsten würde (links auf den nassen Wiesen, in denen die Quellbäche der Ilme entspringen), weicht er rechts aus und trifft auf die Straße Uslar–Dassel. Nach Queren der Straße empfängt uns ein Forstweg, von diesem zweigt sofort x19 links ab: Grasig, bald als Pfad zieht x zum Schutzhüttenrondell über dem Neuen Teich. Wie der Lakenteich ist dies ein alter Triftteich, nur daß er gut fünfzig Jahre später angelegt wurde (1737) – daher „Neuer" Teich.

Die Markierung x19 überschreitet den Ausfluß – die Ilme – auf der alten Schleusenanlage, quert die Straße und wechselt auf einen Waldpfad, der so schlecht markiert ist, daß wir lieber auf das Sträßchen wechseln, welches vom Neuen Teich zum Lakenteich zurückführt.

Durchs Hochmoor zur Großen Blöße

10

Durch die zauberhafte Moorlandschaft des Mecklenbruchs, eines der größten Hochmoore im niedersächsischen Bergland, führt diese Wanderung auf die Große Blöße, die mit 528 Metern höchste Erhebung des Weserberglands.

Durchs Mecklenbruch

Vom Parkplatz führt ein für den Autoverkehr gesperrtes Sträßchen zur Jugendherberge Silberborn und dem dahinter liegenden Sportplatz, wo rechts ein nichtasphaltierter Weg in den Wald abzweigt. Der teilt sich nach wenigen Metern unauffällig und ohne Wegweiser, so daß man sich leicht verlaufen kann. Orientierungsmerkmal sind die Ebereschen mit dem „Loipe"-Schild: Wir gehen auf das geschlossene Gatter zu, öffnen die Tür und schließen sie wieder. Nun ist der richtige Weg erreicht; im Fichtenwald zieht er geradeaus, ehe sich nach wenigen Minuten das 1939 unter Schutz gestellte Mecklenbruch öffnet. Ein Bohlensteg durchzieht das Hochmoor, ein 20 Meter hoher, hölzerner Aussichtsturm an diesem Steg lugt nicht über die Wipfel und bietet kaum Aussicht, ist aber ein beliebter Rastpunkt.

Auf den höchsten Berg im Weserbergland

Der Mecklenbruch-Bohlensteg mündet auf die nichtasphaltierte Mittelbergstraße, einen Forstweg, der zwischen Mecklenbruch und Dasseler Mittelberg sacht aufwärts führt und zauberhafte Einblicke in die Randzone des Bruchs gewährt. Am Ende des Moors durchzieht er hohen Buchenbestand, passiert die Mittelberg-Hütte, eine Schutzhütte, und senkt sich geradeaus abwärts ins Hellental, aber nur ein kurzes Stück: Sobald der Weg den Bach überschritten hat und talabwärts links schwingen will, zweigt bachaufwärts ein Weg etwas steil in Fichtenforst hinauf ab. Von diesem Weg wiederum zweigt nach wenigen Schritten ein breiter Graswegab, der wie eine Schneise

Ausgangsort: Neuhaus im Solling liegt an der Deutschen Märchenstraße B497 Holzminden – Uslar.
Ausgangspunkt: Der Parkplatz (454 m) an der Jugendherberge in Silberborn nordnordöstlich von Neuhaus ist zu erreichen, indem man in Neuhaus der Beschilderung „Silberborn" und in Silberborn der Beschilderung „Jugendherberge" folgt.
Wegcharakter: Mit Ausnahme des Bohlenstegs im Mecklenbruch fast ausschließlich gepflegte Waldwege.
Wegverlauf: Jugendherberge – Mecklenbruch – Mittelberghütte – Große Blöße – Mittelberghütte – Mecklenbruch – Jugendherberge.
Weglänge: 12 km Rundwanderung.
Gehzeit: 3–4 Stunden.
Anstiege: 200 Hm.
Markierungen: Siehe Routenbeschreibung.
Einkehrmöglichkeiten: Keine.

links hinauf zieht. In wenigen Minuten erklimmen wir recht steil die Große Blöße, die höchste Erhebung des Weserberglands. Der Name „Große Blöße“ stimmt nicht mehr, denn die Kuppe liegt nicht bloß und bietet keine Aussicht; die höchste Partie ist von einer jungen Buchenpflanzung bestanden.
Wir folgen dem Weg zur Straße, queren sie und halten auf der anderen Seite auf einem Forstweg in gleicher Richtung sacht abwärts. Der Forstweg verwandelt sich bald in einen idyllischen Grasweg, passiert eine zum Picknick herausfordernde Wiese mit Obstbäumen und zieht weiter durch herrlichen Hochwald. Im Widerspruch zur Karte endet der Weg bereits am ersten Querweg; dieser strebt wiederum als Grasweg durch abwechslungsreichen Wald nach rechts und mündet schließlich auf die asphaltierte Silberborner Straße. Wir folgen ihr aufwärts, biegen rechts auf einen Wanderparkplatz ein, queren dahinter eine

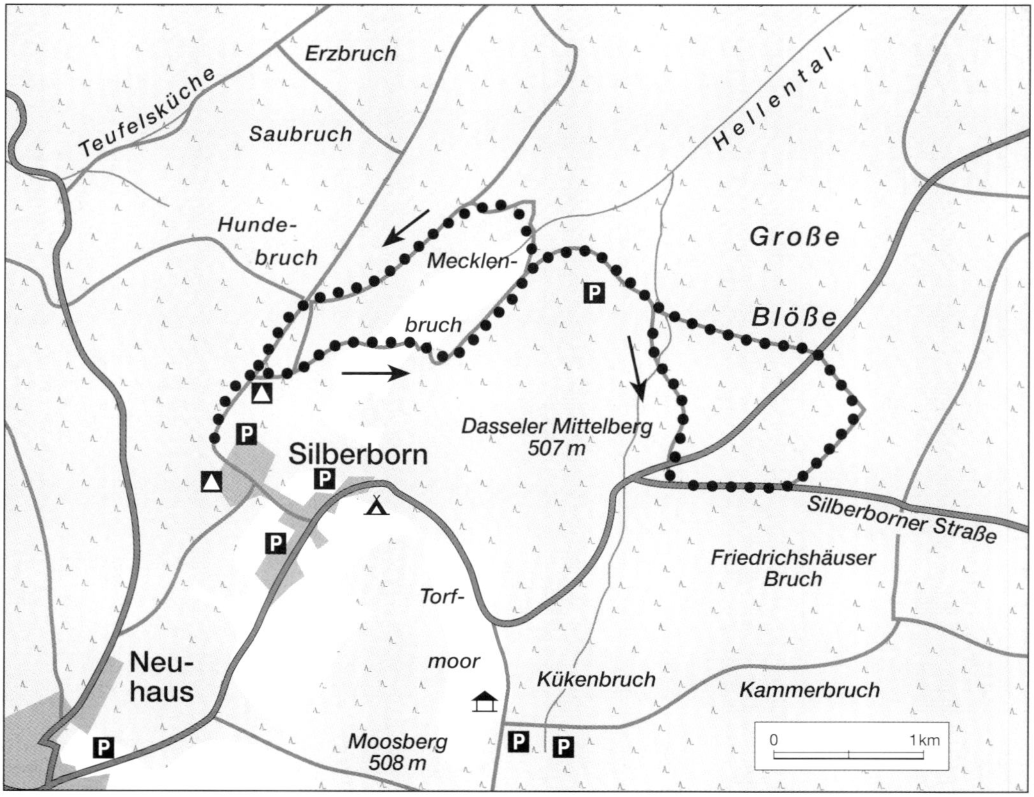

Wanderer auf dem das Moor durchquerenden Bohlensteg im Mecklenbruch.

zweite Straße und folgen auf der anderen Seite einem Forstweg talwärts (an der ersten Verzweigung geradeaus). Er führt zurück zur Mittelberg-Hütte, an der wir auf den bekannten Forstweg nach links abzweigen.

Nach etwa einer Viertelstunde heißt es wiederum aufpassen, Orientierungspunkt ist diesmal die erste Sitzbank: Hier zweigt rechts der beschilderte Rundwanderweg Mecklenbruch ab; wir folgen ihm entgegengesetzt den Pfeilen und genießen wiederum wunderschöne Einblicke in die Randzone des Mecklenbruchs. Der Pfad überquert auf einer Brücke den Ausfluß des Moors zu einem breiten Weg hinauf. Dieser führt aussichtsreich zum Ausgangspunkt zurück.

11

Die alte Brunsburg hoch über Corvey

Ausgangsort: Godelheim an der B64 Paderborn – Höxter.
Ausgangspunkt: Der Wanderparkplatz am Bauernhof Maygadessen (120 m) westlich von Godelheim ist nicht ausgeschildert. In Godelheim zweigt am Gasthof Potthast (bemerkenswerter Fachwerkschmuck) die Straße „Am Maibaum" bergwärts ab und führt kurz durch Felder und Wiesen. Hinter einem Wassertretbecken rechts liegt der Parkplatz.
Wegverlauf: Maygadessen – Brunsburg – Schleifental – Höxter Klippen – Rodeneck-Aussichtsturm – Sachsengräben – (Bismarckturm –) Brunsberg – Maygadessen.
Wegcharakter: Überwiegend gepflegte Wege. Der Anstieg zur Brunsburg kann bei warmem Wetter schweißtreibend werden. Wem die Wanderung zu weit ist, kann von der Brunsburg in umgekehrter Richtung zum Bismarckturm weiterspazieren.

Wer sich von Paderborn auf der B64, der „Straße der Weserrenaissance", der Weser nähert, durchfährt links des Flusses kurz vor Höxter eine zum Fischen und Baden einladende, durch den Großabbau von Sand und Kies entstandene Teichelandschaft, oberhalb derer die Muschelkalkfelsen von Ziegen- und Brunsberg aus üppigen Laubwäldern blicken: Dort hinauf, wo in aussichtsreicher Lage die uralte Brunsburg thront und sich Drachenflieger in den Wind stürzen, führt diese Wanderung.

Zur Flugdrachenrampe

Das Gut Maygadessen am Ausgangspunkt ist eine Idylle abseits der lärmenden Bundesstraße in der Feld-, Wiesen- und Schafweideneinsamkeit unterm Brunsberg. Es handelt sich um eine Art Doppelhof, wie er in der Gegend weitverbreitet ist,

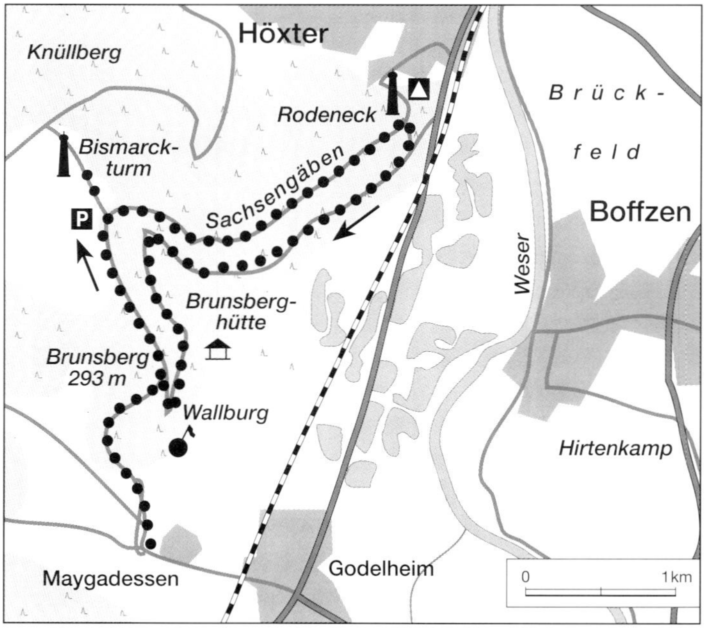

nämlich eine Kombination aus sächsischem Urhof und fränkischem Meierhof: Die siegreichen Franken ließen auf dem Gebiet großer Sachsenhöfe Meierhöfe anlegen, um die störrischen „Ureinwohner“ besser unter Kontrolle zu haben. Im Lauf der Jahrhunderte entstanden daraus Doppelhöfe.

Riesige Eschen stehen wie Zeugen der Vorzeit am Weg, unter alten Linden beim Bauernhof ermöglicht eine Tafel Orientierung über die Wanderwege, dann zweigt bei einer Kreuzlinde der Weg zur Brunsburg ab und taucht in die prachtvollen Laubwälder des Hangs.

Nach dem spürbaren Aufstieg empfangen uns auf dem Kamm an der Abbruchkante des weserseitigen Steilhangs Bänke und Tische an der Brunsberghütte. Diese geräumige Schutzhütte mit Grillplatz ist eine feine, vielbesuchte Raststelle. Drachenflieger springen von der Startrampe, unten im Tal zeigt sich die Teichelandschaft um Godelheim, jenseits der Weser liegen Boffzen und Fürstenberg, dahinter rundet sich der Solling, das höchste Gebirge des Weserberglands.

Gleitschirmflieger über dem Wesertal unterhalb der Brunsberghütte.

Weglänge: 12 km Rundwanderung.
Anstiege: 350 Hm.
Gehzeit: 4 Stunden.
Markierungen: Zur Brunsburg leitet ein „Tennisschläger“ (Markierung des Kreiswanderwegs). Danach fehlen durchgehende Markierungen, so daß ein wenig Orientierungssinn von Vorteil ist.
Einkehrmöglichkeiten: Keine.

Die ringumwallte Brunsburg

Von der Brunsberghütte geht es wenige Meter auf demselben Weg zurück und mit der Markierung O an den Resten der ehemaligen Brunsburg vorbei. Der Weg führt nicht auf das recht weitläufige, von Bäumen überwucherte Burggelände, das nur auf eigene Faust zu erkunden ist. Die Burg beherrschte einerseits den Weserübergang der alten Hellweg-Handelsstraße bei Höxter und zugleich – gemeinsam mit der südlich gegenüberliegenden Wildburg auf dem Wildberg – das Nethetal, durch das der Hellweg von Brakel herüberführte. Unterhalb der Brunsburg schlug Karl der Große 775 ein Heer der Sachsen und erzwang während der Sachsenkriege erstmals den Übergang über die Weser. Später gelangte die Burg durch königliche Schenkung an das Benediktinerkloster Corvey. 1294 wurde die zwischenzeitlich von Corvey aus neu errichtete Burg durch Truppen des Bischofs Otto von Paderborn und der Grafen Adolf und Albert von Schwalenberg zerstört.
Die Anfänge der Burg reichen in germanische Zeit zurück, als das Wort „Burg“ noch eine andere Bedeutung hatte: Damals wurde darunter eine ringumwallte, steil abfallende Berghöhe verstanden. Die Funktion dieser ringumwallten Gipfelburgen ist nicht eindeutig geklärt. Viele Forscher deuten sie als „Fliehburgen“: In Zeiten kriegerischer Bedrängung sei das Volk auf die Gipfelburgen geflohen; allerdings weisen viele dieser Burgen keine militärisch bedeutsame Befestigung auf, und viele verfügen nicht einmal über eine Quelle; die Menschen und das Vieh dort oben müssen spätestens am dritten Tag vor Durst zu brüllen angefangen haben. Andere Forscher deuten die Gipfelburgen als strategische Militärstandorte, wieder andere als dem Kult dienende Sakralbezirke. Ausnahmslos bieten die Burgen eine einzigartige Übersicht über die Umgebung (den Wald, der die Reste der Brunsburg durchwuchert, gab es damals natürlich nicht). Nach den militärisch-politischen Umwälzungen der Karolingerzeit änderte sich die Bedeutung des Wortes „Burg“ grundlegend: Seither wird darunter die mit Mauern befestigte, mittelalterliche „Ritterburg“ verstanden, die nicht immer auf einem Gipfel steht, aber eindeutig ein Wehrbau ist.
An der Brunsburg läßt sich diese Entwicklung gut beobachten.

Den nach drei Seiten steil abfallenden Burgberg umgibt ein Ringwall aus germanischer Zeit. Erst in nachkarolingischer Zeit wurde aus dieser germanischen Gipfel burg eine feudale mittelalterliche Militärburg: Fürstabt Widukind von Corvey (1189–1205) ließ sie im Ostteil des ringumwallten Bezirks errichten als Teil eines Militärburgen-Systems, mit dem der Corveysche Besitz gesichert werden sollte.

Unter den Höxter Klippen

Bei einer Informationstafel neben der Brunsburg vollzieht der O-Weg eine Spitzkehre und quert die von prächtigem Laubwald bedeckte, steil abfallende Ostflanke des Brunsbergs. Nach Durchschreiten des Schleifenbachtal-Schlußbereichs führt der Weg sacht abwärts (nicht pfadaufwärts!) und tritt in das Naturschutzgebiet um die Höxter Klippen ein, wobei die Route an der ersten Wegeverzweigung ab Schleifenbachtal auf dem oberen Weg bleibt. Dem Weg unterhalb der Klippen folgen wir, bis ein Waldlehrpfad links hinauf leitet. Wo sich wenig später der Wald öffnet und den Blick über die Weser freigibt, folgen wir dem Waldlehrpfad nicht weiter, sondern wechseln links (bergseitig) auf einen Forstweg, halten uns an der ersten Wegkreuzung wieder links (bergseitig) und erreichen den kleinen steinernen Rodeneck-Aussichtsturm mit Blick weserabwärts auf Höxter.

Aus dem Turm tretend, geht es geradeaus aufwärts und mit der Markierung x16 in Serpentinen auf den Ziegenbergkamm hinauf. Das Kammweglein, an dem auch Sitzbänke stehen, führt uns in teilweise märchenhaft schönem Wald zu den noch deutlich sichtbaren Sachsengräben und trifft, wo vor P311 der Wald verlassen wird, auf einen Asphaltweg. Hier ließe sich ein Abstecher zum vielbesuchten Bismarckturm unternehmen, wir können aber auch gleich dem Asphaltweg zur Brunsberghütte zurück folgen, in einer überaus anmutigen Landschaft mit Feldern, Laubwald, Kiefernhainen und Vergißmeinnichtwiesen. Nach einem letzten Blick von der Brunsberghütte ins Wesertal geht es auf dem bekannten Weg zurück zum Ausgangspunkt.

Das Westwerk der ehemaligen Klosterkirche von Corvey bei Höxter.

12

Zur Fliegerheide beim Mäuseturm

Ausgangsort: Die Stadt Höxter liegt links der Weser an der B64 Paderborn – Bad Gandersheim bzw. an der B83 Bad Karlshafen – Hameln.
Ausgangspunkt: Der erste Parkplatz (90 m) an der B64 bzw. B83 flußabwärts von Höxter liegt direkt hinter dem weißen Abzweigungsschild „Holzminden-Süd/Zur Lüre", also noch vor der Ampelabzweigung Richtung „Schloß Corvey".
Wegcharakter: Überwiegend Graswege und Graspfade, zum Teil recht steil.
Wegverlauf: Teufelsschlucht – Prinzessinnenklippen – Fliegerheide – Mäuseturm – Josephskapelle.
Weglänge: 8 km Rundwanderung.
Anstiege: 300 Hm.
Gehzeit: 3 Stunden.
Markierungen: Siehe Routenbeschreibung.
Einkehrmöglichkeit: Am Flughafen.

Diese Wanderung verbindet die Pirsch durch die verwunschene Teufelsschlucht und über die Prinzessinnenklippen oberhalb des ehemaligen Klosters Corvey mit der Begegnung mit moderner Technik: Auf dem kleinen Flugplatz Höxter-Holzminden starten in aussichtsreicher Hochlage neben Segelflugzeugen ein- und zweimotorige Maschinen, und es macht Spaß, während der Wanderpause den Ultraleicht-Fliegern zuzuschauen oder Dutzende von Fallschirmspringern vom Himmel herabsegeln zu sehen – vielleicht wird es der Anfang einer großen Leidenschaft. Auch Rundflüge können hier gebucht werden.

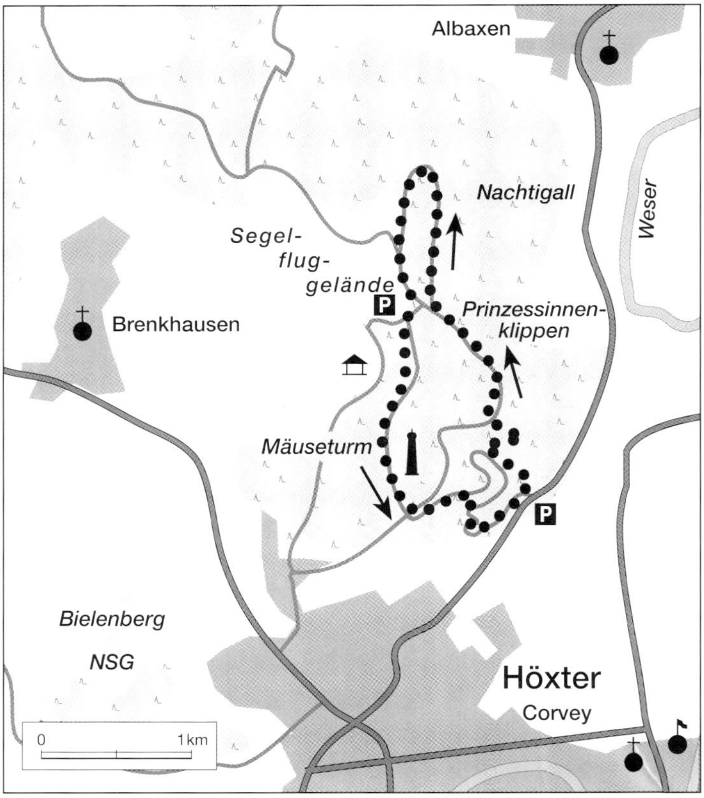

Zwischen Prinzessinnenklippen und Fliegerheide schweift der Blick vom Hangweg aus über das Wesertal hinweg.

Belladonna in der Teufelsschlucht

Am höxterseitigen Ende des Parkplatzes queren wir die Straße und stoßen auf eine Forstwegebucht. Am diesseitigen Ende der Bucht schwingt sich der Forstweg in die grüne Laubwaldhölle der Teufelsschlucht hinauf, in der der Straßenlärm fast sofort verebbt. Recht steil zieht der grasige Weg aufwärts, Blick zurück auf den Solling jenseits der Weser gewährend, und verwandelt sich schließlich in einen Pfad neben dem tief unten verlaufenden Bachbett. Am Pfad in der Teufelsschlucht stehen Tollkirschenstauden. Das verlockende Aussehen dieser schwarzglänzenden, kirschenartigen Beerenfrüchte, die auch Teufelskirschen genannt werden, hat schon oft Unerfahrene Gesundheit und Leben gekostet: Die Tollkirsche ist eine der gefährlichsten inländischen Giftpflanzen. Im Mittelalter wurden Tollkirschenblätter sogenannten Hexensalben beigemischt. Den Saft der Beeren mixte man im 16. Jahrhundert in Italien wegen seiner pupillenerweiternden Wirkung Schönheitswässern bei, daher kommt der Name „Belladonna" für die Teufelskirsche: „Schöne Dame".
Wo das Bachbett zuletzt in einem Wäldchen vor einer „Hünengrab-Pforte" verschwindet, zieht der Pfad nach rechts und folgt unter hohen Buchen der Abbruchkante des Steilhangs, bald auf einen Weg treffend, der an einem Hochsitz an den Prinzessinnenklippen endet. Das Waldstück hier oben ist sehr stim-

mungsvoll, und was die Prinzessinnen, die in den sagenumwobenen Klippen verewigt sind, in diesen lauschigen Wald getrieben hat – damals, als noch keine Motoren über die Straße am Fuß der Klippen dröhnten –, darüber läßt sich phantasievoll spekulieren.

Die St.-Josef-Kapelle am Weinberg, errichtet 1689/90 durch den Fürstabt von Corvey.

Mäuseturm und Weinbergkapelle

Von den Prinzessinnenklippen leitet der Weg vom Hochsitz zurück. Nach wenigen Minuten mündet er auf einen Forstweg, auf dem x nach rechts führt. Mit recht vielen Abzweigungen zieht x durch die Wälder, meist auf grasigen Wegen, gewährt zwischendurch Ausblicke auf Lüchtringen, Holzminden, den Solling und den markanten Burgberg, kurvt an einer nichtöffentlichen Hütte (mit Bänken und Tisch) links und erreicht die Fliegerheide. Hier folgen wir der Begrenzung der Fliegerheide geradeaus zum Tower. Am Flugplatz, an den sich ein großes Naturschutzgebiet anschließt, ist eine lange Pause angesagt. Die Aussicht nach Westen und Südwesten ist sehr weit.

Nach der Pause folgen wir mit x dem Flughafen-Zufahrtssträßchen, doch wenn sich die Straße endgültig hinabsenken will – an dieser Stelle bietet sich ein guter Blick hinüber zum Köterberg –, biegen wir links auf einen sacht ansteigenden Forstweg ab. Er taucht zwischen Fichten ein, überschreitet eine sanfte Kuppe, senkt sich unwesentlich hinab, steigt wieder an und erreicht auf der zweiten Kuppe eine betagte Sitzbank: Hier zweigt, markiert mit einem weißen Punkt, der Pfad zum Mäuseturm ab. Mitten im Wald erhebt sich dieser bergfriedartige, sagenumwobene Turm, der keinen Eingang hat: Würde ein Tor in ihn gebrochen, würde eine Mäuseplage ausbrechen.

Der weiße Punkt leitet am Turm vorbei und springt auf einem Pfad zwischen Buchen rasch talwärts. Wir folgen dem Pfad so lange, bis er auf ein Wegedreieck trifft; dort geht es links hinab und bald mit x zur St.-Josef-Kapelle. Der hohe, achteckige Zentralbau mit kuppelartigem Rippengewölbe wurde 1689/90 unter Christoph von Bellinghausen, Fürstabt von Corvey errichtet und 1989 renoviert. Eine Hinweistafel erläutert die Entstehungsgeschichte.

Sagenhafter Köterberg – der Brocken Westfalens

13

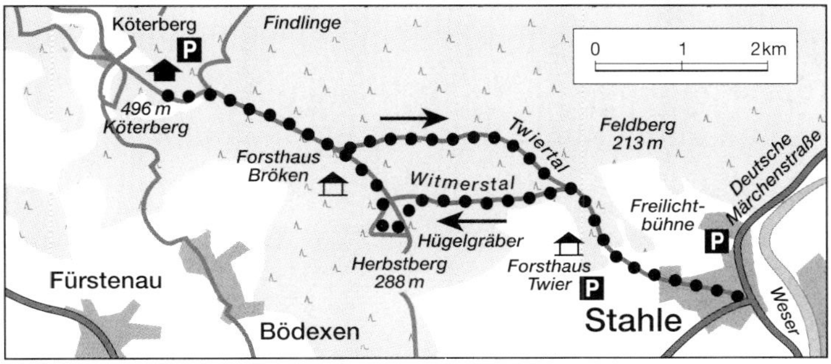

Der kreisrunde Köterberg mit seiner abgeflachten Gipfelkuppel ist die höchste Erhebung im nördlichen Festlandeuropa zwischen Weser und Nordsee. Er ist einer der sagenumwobensten Berge Deutschlands und der aussichtsreichste Gipfel im deutschen Norden. Wer bei entsprechender Witterung auf ihm steht, hat den Eindruck zu schweben und auf ein Luftbild niederzuschauen. Unvergeßlich ist die Sonnenuntergangsschau auf diesem Berg, der in den Sagen nicht Köterberg, sondern Götterberg heißt. Die Waldwanderung ist bequem, still und schön, doch leider können Autofahrer den Köterberg-Gipfel auch auf einer Stichstraße erreichen, so daß die Stille des Aufstiegs in starkem Gegensatz zum Gipfelerleben steht.

Von Stahle zu den Hügelgräbern

Obwohl der Ausgangspunkt nur wenige Dutzend Meter von der Bundesstraße entfernt liegt, vermitteln die Fachwerkhäuser, die St.-Annen-Kirche und der reichverzierte „Dorfkrug“ von Stahle einen Hauch Vergangenheit: Hier unter den Linden an der Kirche war der Mittelpunkt des dörflichen Lebens. Die Kirche mit dem reich skulptierten, pokalförmigen Taufstein aus der Zeit um 1670 wurde 1963 stark erweitert.

Von der Kirche geht es ausgeschildert am „Dorfkrug“ vorbei, die erste Straße rechts, sofort links, die nächste rechts und wie-

Ausgangsort: Das Dorf Stahle, Ortsteil von Höxter, liegt gegenüber von Holzminden links der Weser an der B83 bzw. B64.
Ausgangspunkt: Kirche St. Anna (90 m) in Stahle.
Wegverlauf: St. Anna in Stahle – Forsthaus Twier – Witmerstal – Herbstberg – Köterberg und zurück.
Wegcharakter: Fast ausnahmslos gut begehbare, wenn auch holprige Waldwege.
Weglänge: 19 km.
Anstiege: 400 Hm.
Gehzeit: 5 Stunden.
Markierungen: Die Markierungen wechseln, sind verfallen oder gar nicht vorhanden; entsprechend genauer ist die Routenbeschreibung.
Einkehrmöglichkeiten: „Dorfkrug“ in Stahle; Köterberghaus auf dem Köterberg.

Riesige Buchen bei den Hügelgräbern auf dem Herbstberg.

der links auf einen für den Verkehr gesperrten Asphaltweg, der recht aussichtsreich zum Forsthaus Twier unterm Feldberg zieht. Am idyllisch gelegenen Forsthaus beginnt die Waldwanderung: Asphaltiert zieht der Weg durch die Buchen-Eichen-Wälder des abgeschiedenen Twiertals. An der ersten größeren Verzweigung gehen wir halblinks hinauf und stoßen erneut auf eine Verzweigung: Während der Asphaltweg rechts eine Kurve macht, zieht die Markierung Böd geradeaus ins Witmerstal hinauf auf einem nichtasphaltierten Weg. Riesige Eichen begleiten uns zuletzt fast wie eine Allee, ehe die Wegespinne am Herbstberg erreicht ist: Hier wenige Schritte geradeaus, am Stein links und in zwei Minuten zu den Hügelgräbern – ein beeindruckender Ort mit riesenhaften, alten Buchengestalten, von denen einige aus den Hügeln herauswachsen. Über das Alter der Grabhügel ist nichts bekannt. Die Steine, die die letzte Ruhestätte der Verstorbenen bedeckten, sollten unter anderem die Wiederkehr der Toten verhindern (daran erinnert bis heute der Grabstein auf den christlichen Gräbern). Zwar wollte man die Wiederkehr der Seelen unmöglich machen, aber gutgehen sollte es ihnen durchaus: Die Bestattung auf dem hohen Berg – der als waldfrei zu denken ist – erlaubte den Verstorbenen, weit übers Land, in dem sie gelebt hatten, zu blicken; aus dem gesamten Umkreis konnten Verwandte und Bekannte die Grabhügel sehen und der Verstorbenen gedenken.

Von den Hügelgräbern zur Wegespinne auf dem Herbstberg zurückgekehrt, folgen wir einem Wirtschaftsweg hinab zum Forsthaus Bröken. Wo der Weg vor dem Forsthaus aus dem Wald tritt, rückt unser Ziel in Sicht, doch aus dieser Perspektive wirkt der Gipfel alles andere als anziehend: Ein Sendeturm verunstaltet ihn. Der Aufstieg ist gleichwohl schön: Mit x geht es am Forsthaus vorbei, wenig später zweigt x vom Wirtschaftsweg ab und wechselt auf einen einladenden Waldpfad, der den Köterberg erklimmt.

Oben erwartet ein beeindruckendes Panorama, das uns von detaillierten Orientierungstafeln aufgeschlüsselt wird: Der Köterberg ist die höchste Erhebung des Lipper oder Lippischen Berglands, das bis zu Teutoburger Wald und Egge reicht. Zentrale Orte sind Detmold und Lemgo sowie die Heilbäder Bad Pyrmont, Bad Salzuflen und Horn-Bad Meinberg.

Fachwerkschmuck mit Inschrift am „Dorfkrug" in Stahle.

Zahllose Sagen ranken sich um den Köterberg. Die Brüder Grimm, die den Berg 1814 erstiegen, erfuhren viele dieser Geschichten von einem Hirten. Auch Annette von Droste-Hülshoff soll die Köterberg-Sagen, die sie Wilhelm Grimm mitteilte, von einem Hirten gehört haben. So unterschiedlich die Sagen sind, alle bewahren sie uralten Volksglauben, und alle kreisen um zwei Grundthemen: Der Köterberg berge unermeßlichen Reichtum, der Köterberg sei ein Götterberg.

Der Köterberg erhebt sich am Kreuzungspunkt eines Koordinatensystems fester Osterfeuerplätze alter Zeit; die nächsten sind Stoppelberg, Heiligenberg und Hohelüchte.

Der Stoppelberg (251 Meter) im Kreis Höxter erhebt sich 13 Kilometer westlich des Köterbergs im Steinheimer Becken und ist bis heute Osterfeuerstätte. Da innerhalb der 430 x 160 Meter großen Ringumwallung, die den langovalen Bergrücken umschließt, auch mehrere Brunnen gefunden wurden, vermutet man, daß es sich nicht um einen vorchristlichen Ringwall handelt, sondern um die Umwallung einer stadtähnlichen Siedlung; die Karte verzeichnet eine „Stadtwüstung".

Den Heiligenberg erwähnen die modernen topographischen Karten ebensowenig wie das Hohelüchte. Der Heiligenberg erhebt sich 13 Kilometer südlich vom Köterberg: Die St.-Michaels-Kapelle bei Ovenhausen markiert den Punkt, auf dem in alter Zeit die Osterfeuer gebrannt haben.

14

Enzian und Orchideen – der Eversteiner Burgberg

Ausgangsort: Rechts der Weser liegt an der B64 die niedersächsische Kreisstadt Holzminden.
Ausgangspunkt: Wanderparkplatz (210 m) an der B64 nordöstlich von Holzminden. Von Holzminden Richtung Eschershausen führt die B64 durch Bevern und Lobach und steigt dann zum Burgbergsattel an, ehe sie sich nach Negenborn hinabsenkt. Der an der B64 nicht ausgeschilderte Wanderparkplatz befindet sich auf dem Sattel, und zwar auf der – von Holzminden kommend – linken Straßenseite.
Wegverlauf: Parkplatz – Kleiner Everstein – Großer Everstein – Frauenschuhfläche – optischer Telegraph – Schutzhütte – „Burgberg" – Friedberg – Schutzhütte – Parkplatz.
Wegcharakter: Meist gut gangbare Forstwege und Pfade, am Friedberg grasig.
Weglänge: 13 km Rundwanderung.
Anstiege: 400 Hm.

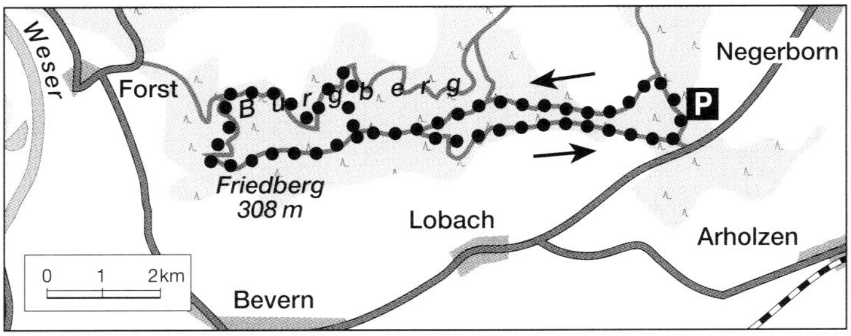

Der zwischen Bever- und Forstbach aufragende Burgberg mit der alten Hünenburg oberhalb des ehemaligen Zisterzienserklosters Amelungsborn war im Mittelalter eines der Machtzentren an der oberen Weser: Von der Doppelburganlage auf zwei seiner Gipfel beherrschten die Grafen von Everstein das Gebiet von Holzminden bis hinab nach Hameln. Die Burgen sind längst versunken, doch der Berg zählt weiterhin zu den bemerkenswertesten Höhenzügen des Weserberglands.

Die Doppelburg der Eversteiner

Neben der Wegeübersichtstafel leitet x im Laubwald aufwärts und zieht im Sattel unterhalb des Kleinen Eversteins links zum Großen Everstein. Am Sattel steht unter einer uralten Buche eine betagte Sitzbank mit zauberhafter Aussicht über die Rühler Schweiz hinweg; die Wanderung hat uns zwar noch nicht ermüdet, doch ist die Stelle als Rastpunkt bestens zu empfehlen. Von der einstigen Doppelburganlage zeugen Mauerreste, tiefe Gräben und gewaltige Steinschuttmassen. Die Burganlage auf dem jetzt von alten Buchen bedeckten Großen Everstein bestand aus Vor- und Hauptburg, getrennt durch einen Wall; am Nordwest-Ende erhob sich als zentrales Wohngebäude der Palas (Wohnturm).
Erstmals erwähnt wird die Burg im 12. Jahrhundert als Besitz der Grafen von Everstein; auf ihr soll der heilige Vicelin (1090–

1154), ein gebürtiger Hamelner, Bischof von Oldenburg-Lübeck und Gründer der Chorherrenstifte Neumünster und Segeburg, in seiner Jugend Aufnahme gefunden haben. In der zweiten Hälfte des 12. Jahrhunderts wurde sie Hauptsitz der Grafen von Everstein, die an Twiste und Diemel (im Hessischen) über reiche Güter verfügten und sich nun ein Territorium an der oberen Weser schufen. Als Parteigänger der Staufer profitierten sie vom Sturz des Welfen Heinrich des Löwen (1180), gründeten um 1200 Holzminden als Markt- und Zollstätte und herrschten in der Folgezeit über ein Gebiet, das von Holzminden weserabwärts bis Polle, Ottenstein und Hameln reichte. Nach dem Zusammenbruch der staufischen Reichsgewalt infolge der Absetzung Kaiser Friedrichs II. durch das Konzil von Lyon (1245) erfolgte der Niedergang der Eversteiner zugunsten der Welfen: 1257 ließ Herzog Albrecht von Braunschweig Graf Konrad IV. von Everstein aufhängen (an den Füßen); 1284 zwangen die Welfen die Eversteiner nach Belagerung zum Verkauf ihrer Stammburg, die Burg auf dem Kleinen Everstein wurde verlassen; das von den Welfen umklammerte Everstein-Territorium schrumpfte mehr und mehr, 1408 gingen die gesamten Besitzungen in welfischen Besitz über. Die Burg auf dem Großen Everstein wurde Sitz der herzoglichen Lokalverwaltung, bis 1493 der Abt von Amelungsborn, Gerhard von Masko, den Abriß der Burg durchsetzte. Ausgrabungsfunde sind heute im Städtischen Museum Holzminden zu besichtigen. Die Burg auf dem Großen Everstein wurde 1493 auf Betreiben des Abts von Amelungsborn abgerissen.

Pflanzenparadies Frauenschuhfläche

Vom Großen Everstein zieht x über den Kammweg, bis ein Hinweisschild rechts zur „Frauenschuhfläche“ weist. Nur 300 Meter sind es zu diesem Pflanzenparadies im nordostexponierten Steilhang, erschlossen durch einen Pfad, der aus Naturschutzgründen nicht verlassen werden darf. Dieses Gebot ist unbedingt zu beachten, denn der Frauen-, Marien- oder Venusschuh – die Honiglippe dieser „Bienenfalle“ ähnelt einem Pantoffel – ist nicht nur eine geschützte Orchidee, sondern eine Pflanze, die von sogenannten Sammlern nahezu ausgerottet wurde.

Gehzeit: 4 Stunden.
Markierungen: Wechselnd, siehe Routenbeschreibung.
Einkehrmöglichkeiten: Keine.

Von der ersten Rastbank im Sattel zwischen Kleinem und Großem Everstein schweift der Blick über die Rühler Schweiz zum Vogler.

Daß hier außer verschiedenen Orchideenarten und Enziangewächsen auch Wacholder, Zittergras, Thymian und andere seltene Pflanzen leben, ist auf die Tatsache zurückzuführen, daß die Natur hier künstlich zurückgedrängt und in einem Kulturnatur-Zustand gehalten wird, der in etwa dem des Mittelalters entspricht. Die damalige Brennholz-, Waldweide- und Streunutzung führte zur Verlichtung der natürlichen Buchenwälder, ließ Offenlandinseln entstehen und bewirkte eine Verarmung der Böden: Auf die Inseln im dunklen Buchenwald wanderten lichthungrige Pflanzen ein. Daß sie sich trotz Waldweidenutzung halten konnten, liegt daran, daß das Vieh sie verschmähte: Den Wacholder mögen die Tiere wegen seiner Stacheln nicht, der Enzian wehrt sich mit Bitterstoffen gegen das Gefressenwerden, nur vor Kriminellen können sich die Pflanzen nicht schützen, vor Leuten, die anderen Menschen den Anblick von Frauenschuh, Enzian usw. mißgönnen.

Würde die Frauenschuhfläche der natürlichen Entwicklung überlassen, würden bald die Buchen auf das Gelände vorrücken und die lichthungrigen Pflanzen vertreiben. Entsprechende Maßnahmen verhindern die Verwaldung der Frauenschuhfläche, und so läßt sich hier auf dem Burgberg eine Art mittelalterlicher Lichtinsel im Buchenwald erleben, die dieser Wanderung einen ganz besonderen Reiz verleiht, der heute leider nur noch selten zu finden ist.

Der optische Telegraph

Von der Frauenschuhfläche zum Kammweg zurückgekehrt, folgen wir der Markierung x am „Regentheater“ vorbei zum Turm der ehemaligen Königlich Preußischen Optischen Telegraphenstation Nr. 28.

Das Grundprinzip des optischen Telegraphen ist uralt: Klytemnästra erfuhr die Eroberung Trojas durch Feuerzeichen auf den Bergen noch in derselben Nacht, auch andere Völker verbreiteten Nachrichten rasch und über weite Distanzen mittels Gipfelfeuern. Den Anstoß zur Weiterentwicklung dieses Systems gab der französische Erfinder Claude Chappe (1763–1805), ein Pionier des Telegraphenwesens. Auf Türme montierte er weithin sichtbare, bewegliche Zeiger, deren Stellungen bestimmten Zeichen entsprachen. Die erste staatliche Flügeltelegraphenlinie wurde 1794 zwischen Paris und Lille in Betrieb genommen: Auf der 270 Kilometer langen Strecke konnten über 22 Flügelzeigerstationen Botschaften innerhalb von zwei Minuten übermittelt werden. 1833 wurde die optische Telegraphenlinie Köln–Koblenz–Berlin in Betrieb genommen, von der der Turm auf dem Burgberg der letzte Outdoor-Zeuge ist. Die Inbetriebnahme der elektrischen Telegraphenlinie Köln–Berlin 1849 bedeutete das Aus für die optische Linie.

Vom optischen Telegraphen leitet x auf dem Kammweg weiter, kommt an einer Schutzhütte vorbei und passiert den Gipfel P341. Bald darauf macht der breite Forstweg eine Rechtskurve, während x auf einem Grasweg geradeaus hält, in eine sanfte Einsattelung hinabzieht und dann die stimmungsvolle Kuppe des Friedbergs überschreitet. Ein wenig unterhalb des Gipfels verläßt x den Kamm und folgt einem Forstweg rechts, bald im Steilhang über einem schluchtartigen Tal.

Schließlich trifft x auf einen noch breiteren Weg, und auf diesem gehen wir leicht aufwärts, oberhalb von Kuhweiden und mit reizvollen Ausblicken über die Wiesen des Forstbachtals hinweg Richtung Vogler. An einem Forstwegedreieck mit verschlossener Hütte nehmen wir den oberen Weg, ausgeschildert Richtung „Telegraphenstation“, und kommen so zurück zur Schutzhütte auf dem Kamm. Dort weist die Beschilderung eines Burgberg-Rundwanderwegs zurück zum Ausgangspunkt.

Im Grünland auf den unteren Lagen des Burgbergs weiden neugierige Kälber.

15

Von der Rühler Schweiz auf den Voglerkamm

Ausgangsort: Rühle liegt rechts der Weser zwischen Bodenwerder und Holzminden und ist gut von Bodenwerder aus zu erreichen.
Ausgangspunkt: Die Kirche in Rühle (80 m) steht neben Verkehrsverein und Post und ist an der Durchgangsstraße Rühle – Negenborn mit i ausgeschildert (i = Information).
Wegverlauf: Rühle/Post – Weinberg – Bodoturm, 412 m – Rühler Schnatstein, 437 m – Ebersnackenturm, 460 m – Grillhütte Bärengrund – Weinberg.
Wegcharakter: Während des Aufstiegs, auf dem Voglerkamm und beim Abstieg vom Ebersnacken genießt der Wanderer ein großartiges Panorama, bequeme Pfade und grasige Wege, überwiegend in Buchenhochwald; das Schlußstück am Vogler-Südfuß folgt einem Wirtschaftsweg.
Weglänge: 15 km Rundwanderung.
Anstiege: 550 Hm.
Gehzeit: 5 Stunden.

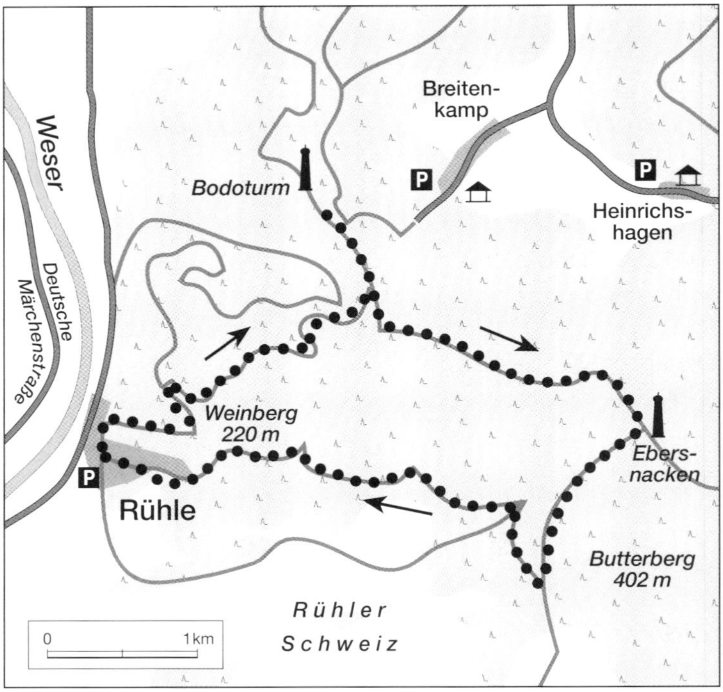

Die Rundschau vom hölzernen Aussichtsturm auf dem Ebersnacken, dem höchsten Voglergipfel, zählt zu den beeindrukendsten Panoramen des Weserberglands. Markante Etappenziele bis dorthin sind das aussichtsreiche Weinbergdenkmal hoch über der Rühler Schweiz und der Bodoturm.

Aussichtsreich zum Weinbergdenkmal

Die Wanderung beginnt an der Kirche in Rühle. Der verputzte Rechtecksaal des evangelischen Gotteshauses stammt aus neuerer Zeit (1728–40), doch der von Schallöffnungen durchbrochene romanische Westturm aus Bruchstein führt zurück ins Mittelalter. Schon am Ausgangspunkt ist das erste Etappenziel in Sicht: das Denkmal auf dem grünen Weinberg. Von der Kirche geht es hinab zur Durchgangsstraße und auf ihr wenige Schritte aufwärts, bis die Waldstraße geradeaus abzweigt (Schild „Weinberg") und, begleitet vom Muhen der Milchkühe, durch bäuerlich-dörfliche Bebauung zieht. Nach wenigen Schritten zweigt links ein Weg zum Berg ab (nicht ausgeschildert, Schild „Fußgängerweg"). Er stößt oben auf ein Sträßchen, das weiter in diese Richtung zieht, vorbei an Sitzbänken und mit guter Aussicht auf den Rühler Weserbogen mit den Breitesteinklippen; dann zweigt an der Gaststätte „Peerstall" der Serpentinensteig auf das unter Naturschutz stehende Sonnenparadies Weinberg ab. Die Vegetation – Buschwald mit niedrigen Eichen, Haselnußsträucher – ist so üppig, die Sicht so weit, daß sich an jeder Sitzbank Rast machen und über das Land schauen läßt. Der schönste Blick bietet sich sicherlich am Denkmal (1905) für Herzog Wilhelm von Braunschweig (Herzog 1830–84), den letzten Welfen der älteren Linie.

Markierung: Da sich kaum Markierungen finden, ist die Routenbeschreibung entsprechend genauer.
Einkehrmöglichkeit: Gasthaus „Peerstall" zwischen Rühle und Weinbergdenkmal.

Zum Bodoturm

Vom Herzog-Wilhelm-Denkmal zieht der Weg bequem auf dem Bergrücken weiter, bis wenig später und leicht zu übersehen der mit dem Schutzgebietsschild markierte Kammpfad abzweigt. Diese Markierungen – etwa hüfthohe Holzpflöcke mit dem Schutzgebietszeichen – leiten sacht aufwärts und biegen im Talschlußbereich links in stark verwachsenes Gelände ab; nach Durchschreiten eines Fichtenforsts zieht der Pfad weiter aufwärts und trifft auf einen Grasweg. Hier beginnen bequeme, ausgeschilderte Wege, die langsam aufwärts führen, bis nach dem Durchqueren hoher Buchenwälder der Kamm an einer aussichtsreichen Stelle mit Bank und Tisch erreicht ist. Hier läßt es sich gut rasten, doch vorher schauen wir noch kurz zum Bodoturm: Mit stellenweise prachtvoller Aussicht zieht der von alten Grenzsteinen begleitete Kammweg in zehn Minuten zu dem zwanzig Meter hohen, eisernen Aussichtsturm (1978), der sich neben Bänken und Schutzhütte aus dem Wald erhebt. Das Aussichtsturmgerüst ist benannt nach dem Ritter Bodo von der Homburg, dem Oberherrn der Stadt Bodenwerder („Bodowerder") im 12./13. Jahrhundert.

Die drei bekanntesten Figuren aus der vielgestaltigen Märchen- und Sagenwelt des Weserberglandes: Doktor Eisenbarth, der Rattenfänger von Hameln und Baron Münchhausen.

Panoramaschau auf dem Ebersnacken

Beim aussichtsreichen Zurückwandern vom Bodoturm in den Sattel mit der Rastbank ist das nächste Etappenziel in Sicht: der Aussichtsturm auf dem Ebersnacken. Erreicht wird er auf dem Vogler-Kammweg, einem zauberhaften, bequemen Waldweglein, teils in Buchenhochwald, vorbei am Rühler Schnatstein (437 Meter, Abstecher), zuletzt überraschend steil auf den Kegel des Ebersnacken hinauf.
Der Berg bietet zwar auch Aussicht ohne Turm, aber wer auf knarrenden Holzstiegen von Plattform zu Plattform höhersteigt, erlebt eine Fernsicht, die für Mittelgebirgsverhältnisse als grandios zu bezeichnen ist: Im Süden rundet sich jenseits von Rühler Schweiz und Burgberg der Solling, im Osten erhebt sich der bewaldete Hils, an den sich der Ithkamm anschließt, und jenseits von Ith und Hils ist bei entsprechender Witterung der Harz zu sehen, während im Westen die Kämme des Teutoburger Walds den Horizont schneiden. Ganz nah steht auch der Köterberg.

Friedlicher Weg zurück nach Rühle

Gestärkt durch den schönen Blick vom Ebersnacken – er ist auch bei Regen hervorragend, wenn weder Harz noch Teutoburger Wald zu sehen sind –, steigen wir vom Turm wenige Schritte auf demselben Weg zurück und zweigen dann links auf einen Grasweg Richtung Golmbach ab. Aussichtsreich zieht er talwärts, verwandelt sich weiter unten in einen Betonweg, ehe am Bergfuß der Forstweg Richtung Rühle rechts abzweigt. Gemächlich zieht er dahin, die auf Karten eingezeichnete Naturdenkmalsbuche ist als eindrucksvolle Ruine erhalten und gleicht einem Totempfahl; wenig später erwartet uns eine Schutzhütte mit uralter Eiche, ehe kurz vor Rühle die große Grillhütte Bärengrund passiert wird und die Straße Am Weinberg zurückführt.

Die Homburg-Ruine auf dem Zwergenhöhlenberg

16

Ein Waldlehrpfad führt auf den Bergkegel, den die aussichtsreiche Ruine der einstigen Homburg krönt. Der Homburgberg ist die markanteste Erhebung des gleichnamigen Gebirgleins, das sich zwischen Stadtoldendorf und Eschershausen links der Lenne erhebt. Dieser Bergzug hat viele Gemeinsamkeiten mit anderen, ähnlich kleinteiligen Gebirgen des Weserberglands – Laubwaldreichtum, steile Berge, stille Kämme, schluchtartige Täler –, was ihn unterscheidet, ist, daß er „hohl“ ist: Phantasievoll berichten Sagen von den Zwergen, die in seinen Höhlungen leben, und von den Schätzen, die der „hohle Berg“ birgt. Im finsteren Mittelalter glaubten die Menschen an diese heidnischen Sagen. Später kam die Aufklärung, und die Menschen schüttelten ob dem scheinbar wirren Gefasel vom hohlen Berg und seinen Schätzen den Kopf. Doch in den von der industriellen Revolution geprägten sechziger Jahren des 19. Jahrhunderts stellte sich heraus, daß die Sagen recht hatten: Zwar kamen keine Zwerge zum Vorschein, doch der Berg war tatsächlich hohl, und er barg Schätze. Zur Zeit dieser Entdeckung war Stadtoldendorf ein wirtschaftlich darniederliegender, „toter, gewerbsloser Ort“. Mit der Entdeckung der Naturgipsvorkommen im Berg begann der Aufschwung: Bis heute bildet die Hebung der Schätze und ihre Weiterverarbeitung den Hauptwirtschaftsfaktor in Stadtoldendorf.

Waldlehrpfad zum Jugendwaldheim

Am Ausgangspunkt veranschlagt ein Hinweisschild die Aufstiegszeit zur Homburg mit 30 Minuten – dabei ist allerdings nur die reine Gehzeit berechnet, denn der Weg zur Homburg bietet weit mehr. Das beginnt schon am Anfang des Waldlehrpfads oberhalb des Abenteuerspielplatzes: Dort stehen nebeneinander Stücke von Stämmen jener Bäume, die uns im Homburggebirge am häufigsten begegnen werden. Hier kann sich jeder prüfen: Welches Stammstück stammt von Esche, Eiche,

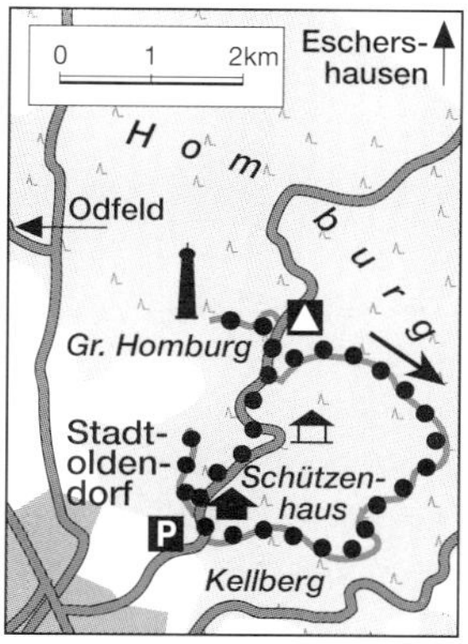

Ausgangsort: Stadtoldendorf nordöstlich von Holzminden ist über die B64, Abzweigung in Lobach, zu erreichen.
Ausgangspunkt: Wanderparkplatz (240 m) am Schützenhaus nordöstlich von Stadtoldendorf. Das Schützenhaus ist in Stadtoldendorf ausgeschildert.
Wegverlauf: Schützenhaus – Steinbruch – Jugendlager – Homburg (403 m) – Jugendlager – Tillkamm (399 m) – P406 – Schützenhaus.
Wegcharakter: Der Waldlehrpfad zum Jugendlager ist asphaltiert, dann erklimmt ein steiler Weg den Homburgberg. Zum Tillkamm teils recht steile Waldwege.

Weglänge: 8 km Rundwanderung.
Anstiege: 150 Hm.
Gehzeit: 3 bis 4 Stunden.
Markierungen: Siehe Routenbeschreibung.
Einkehrmöglichkeit: Schützenhaus.

Buche, Weide, Fichte oder Lärche? Die Auflösung dieses Baumstamm-Quiz', das den Blick für die Waldwanderung schärft, findet sich auf der Rückseite der Stammausstellung.
Vom Baumstamm-Quiz zieht der asphaltierte, für den Autoverkehr gesperrte Weg aufwärts, doch zuvor lohnt auf dem ausgeschilderten Alten Römerweg ein Abstecher links zu den Steinbrüchen. Aus dem Blätterdach des Laubwalds heraustretend, ist es schon ein merkwürdiges Gefühl, da oben an der Kante zu stehen über den lotrecht abstürzenden Wänden des Steinbruchs.
Zurück zum Asphaltweg: Die interessanten Informationstafeln – zur Jagdweise der Greifvögel, über den „Vogelwecker“, über Pilze, das Waldsterben und vieles mehr – lassen an rasches Vorwärtskommen nicht denken. Auf halber Strecke lädt eine Schutzhütte zur Rast, wenig oberhalb haben wir bei einer Sitzbank einen schönen Blick zum Kellberg, dann ist das Jugendwaldheim 25 Eichen erreicht. Die Jugendwaldheime der Niedersächsischen Landesforstverwaltung sind Staatlichen Forstämtern angegliedert, werden von Forstbeamten als Waldheimleitern geführt und dienen der Beschäftigung von Schulklassen und Jugendgruppen mit forstlichen Tätigkeiten. Eine Woche lang leben hier Jugendliche zusammen.

Die Homburg

Hinter dem Jugendlager zweigt das Waldweglein ab, das den von Buchenhochwald geschmückten, steilen Gipfelkegel erklimmt – kurz und schweißtreibend. Oben steht die Ruine der Homburg; der ehemalige Bergfried bietet prächtige Aussicht über das Odfeld hinweg auf den Everstein-Burgberg, zum Vogler, zum Köterberg, auf Stadtoldendorf und den Solling; in einer Linie zwischen Homburg und Everstein-Burgberg liegt am Südrand des Odfelds das ehemalige Zisterzienserkloster Amelungsborn, einst eines der kulturell bedeutendsten Klöster im welfischen Machtbereich. Die Landschaft dort unten ist auch aus Wilhelm Raabes historischer Erzählung „Das Odfeld“ (1888) bekannt.
Die Reste der 102 Meter langen und 30 Meter breiten Burganlage wurden 1897 ausgegraben. Sowohl in der Vor- als auch

Die Ruinen der Homburg. Klosterschüler von Amelungsborn versuchten 1740, den in der Vorburg gelegenen Brunnen auszuloten. Dabei benutzen sie eine 103 Meter lange Schnur mit Bleikugel. Die Kugel erreichte weder festen Grund noch die Wasseroberfläche.

in der Hauptburg, die durch eine starke Mauer getrennt waren, stand ein Bergfried. Bei der Instandsetzung der Ruine 1936 wurde der Bergfried in der Hauptburg als Aussichtsturm wiederaufgebaut. Die Ausgrabungsfunde sind im Stadtmuseum in Stadtoldendorf zu besichtigen.

Über den Tillkamm

Von der Ruine der Homburg geht es zurück zur Wegespinne am Jugendlager im Sattel zwischen Homburgberg und Tillkamm. Hier zweigt der Tillrundweg ab, ein Forstweg, der bequem und nicht zu verfehlen zum Schützenhaus zurückleitet. Hier vorgeschlagen sei jedoch eine Route, die vielleicht ein wenig unbequemer ist: Die Asphaltstraße zurück bis sie eine Rechtskurve macht und sich endgültig hinabsenkt; dort geradeaus auf einen ansteigenden Grasweg, der gleich nach links zieht und im Wald den Tillkamm erklimmt. Oben weist der stimmungsvolle Kammweg die Route (rechts). Er überschreitet die Kuppe P406, die höchste Erhebung des Homburg-Gebirgleins, und mündet wenig später auf einen ebenfalls recht einsamen Weg. Hier geht es rechts hinab, teilweise ziemlich steil, mit den gelben Pfählen der Ferngasleitung als Markierung. Wo die Pfähle auf einen Forstweg treffen, halten wir uns auf diesem in sachtem Abstieg links und erreichen wenig später den Ausgangspunkt.

17

Elfas: In den Wäldern von Elfen und Asen

Ausgangsort: Das Dorf Portenhagen am Elfas-Südfuß ist von Dassel, Einbeck und Stadtoldendorf auf Land- und Kreisstraßen zu erreichen.
Ausgangspunkt: Wanderparkplatz (210 m) am westlichen Ortsrand von Portenhagen. Hinter dem Ortsausgangsschild von Portenhagen an der Straße Richtung Lüthorst auf die Straße „Am Moosberg" abzweigen und Wanderwegeübersichtstafel.
Wegverlauf: Portenhagen – Kalte Küche – P410 – Elfaskamm – Vorwohler Berg – Kalte Küche – Moosberghütte – Portenhagen.
Wegcharakter: Mit Ausnahme des Elfaskammwegs bequeme Forstwege.
Weglänge: 10 km Rundwanderung.
Anstiege: 300 Hm.
Gehzeit: 3–4 Stunden.
Markierung: Eichhörnchen; siehe Routenbeschreibung.
Einkehrmöglichkeiten: Keine.

Die Moosberghütte im Elfas zählt zu den aussichtsreichsten und stillsten Rastplätzen im Weserbergland: keine Motorengeräusche, kein Lärm, nur das Rauschen der Wälder und der Blick über das weite Land.
Das Elfas-Gebirge erhebt sich südlich vom Hils zwischen Einbeck und dem Homburgberg. Aufgebaut ist es überwiegend aus Sandstein.

Über den Elfaskamm

An der Verzweigung bei der Wanderwegetafel folgen wir nicht dem Schild „Grillplatz" links, sondern gehen rechts hinauf auf einem aussichtsreichen Feldweg, bald zwischen Kuhweiden, dann im Wald; den Weg begleiten Waldlehrtafeln über den „Lebensraum Tümpelquelle", die Funktion der Eichenstubben, der Ameisennester und vieles mehr. Am Forstwegedreieck geht es rechts hinauf, und wo der Weg kurz aus dem Wald tritt, bietet sich ein reizvoller Blick auf den Barberg-Gropenbergzug jenseits von Portenhagen und auf den langgestreckten Ahlsburg-Rücken jenseits von Einbeck. Still zieht der gelegentlich mit einem Eichhörnchen markierte Weg durch die Wälder aufwärts und erreicht die Wegespinne Kalte Küche (366 Meter). Von hier sind es nur 300 Meter zur Moosberghütte, doch zuerst wollen wir den Elfaskamm erkunden: Das Schild „Mainzholzen" weist auf einen Grasweg, dieser zieht aufwärts und erreicht wenig später den Elfaskamm bei P410, der höchsten Erhebung des Elfas-Gebirgleins. Nun geht es auf dem grasigen, von Pferdehufen aufgewühlten Kammweg links. Wenn sich am Vorwohler Berg Aussicht auf den Hils bietet, ist die wohl zauberhafteste Stelle erreicht. Auf beiden Seiten bricht das Gelände steil ab, links erhebt sich eine lichtdurchflutete Buchenkathedrale, und wer sich hier unter einem Baum ins weiche Gras setzt und Rast hält, mag sich vorstellen, daß dies ein Tanzplatz für Elfen und ein Ausflugsziel für die Asen sei.

Die Moosberghütte

Wo den von alten Grenzsteinen markierten Elfaskammweg erstmals ein Forstweg kreuzt, folgen wir diesem links hinab ins Tal, zunächst mit Aussicht, dann im Buchenhochwald. Am Forstwegedreieck unten im Tal wäre es möglich, abwärts zu gehen und auf diese Weise abzukürzen, doch wir gehen geradeaus aufwärts zur Kalten Küche zurück und hier rechts zur Moosberghütte hinauf – ein wunderschöner Platz mit prachtvollem Blick auf Lüthorst und die Berge um Dassel. Tische und Bänke aus Eichenstämmen laden zur Rast, im Hüttenbuch mag man sich für dieses schöne Plätzchen bedanken.
Von der Hütte folgen wir dem steil abfallenden Moosbergkamm auf einem grasigen, schmalen Weglein. Wo der Kamm steil abzugiebeln beginnt, geht es rechts hinab zu einem Forstweg, der im Moosberg-Südhang zurückleitet, begleitet von mehreren prächtigen Aussichtsstellen.

Oben: Blick von der Moosberghütte.

Unten: Buchenwald im Elfas.

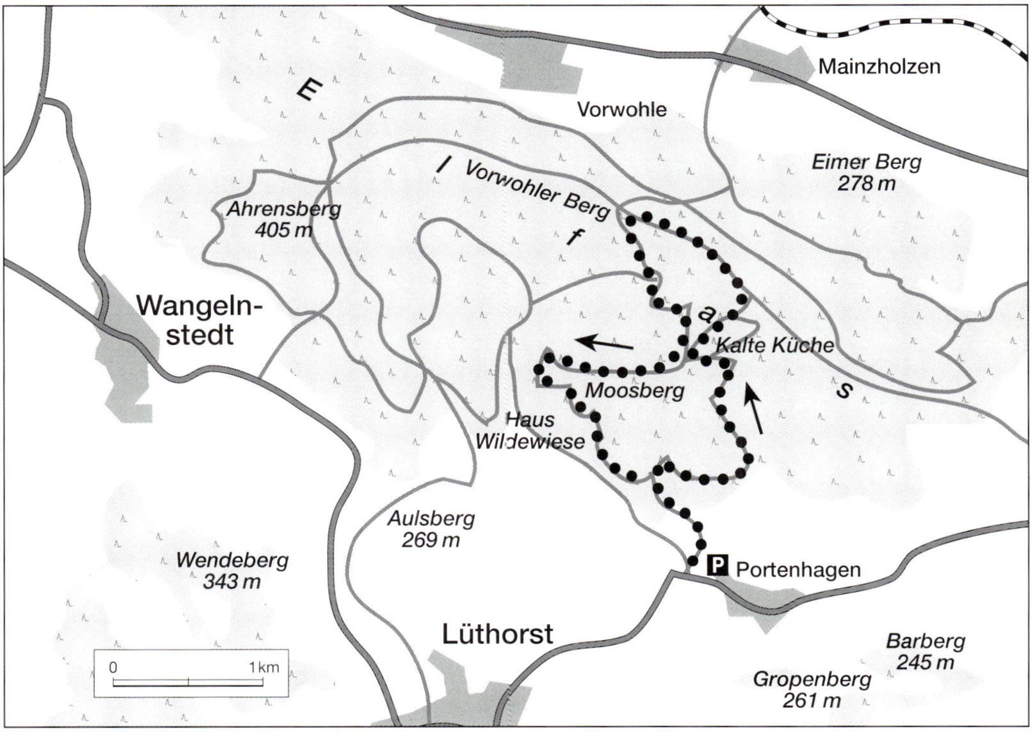

18

Die Selterklippen über dem Leinetal

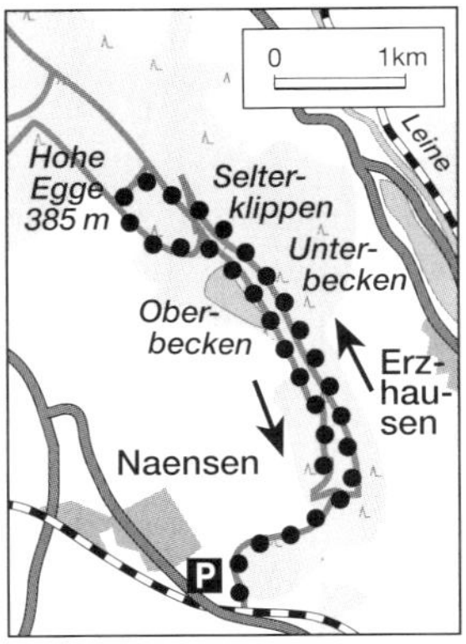

Ausgangsort: Naensen, Ortsteil von Einbeck, an der B3 Göttingen – Northeim – Einbeck – Alfeld – Hannover.
Ausgangspunkt: Parkplatz am Sportplatz ostsüdöstlich von Naensen an der Straße nach Greene.
Wegverlauf: Sportplatz Naensen – Selterklippen – Hohe Egge (395 m) – Oberbecken – Sportplatz Naensen.
Wegcharakter: Überwiegend holprige, grasige Weglein und Pfade.
Weglänge: 11 km Rundwanderung, mit Abstecher eher 15 km.
Anstiege: 250 Höhenmeter, einschließlich Abstecher eher 350 Höhenmeter.

Mit seinen phantastischen Felsen und prachtvollen Laubwäldern bietet der Selter naturnahe Wandermöglichkeiten vom Feinsten. Dabei sind gutes Stiefelwerk, Improvisationsfreudigkeit und Sich-nicht-über-schlechte-Wege-Ärgern unabdingbare Voraussetzungen. Wegen ihrer Ost- und Ostnordost-Ausrichtung erhalten die als Naturdenkmäler geschützten Klippen nachmittags kein bzw. kaum Sonnenlicht. Wer die Selterklippen in ihrer ganzen Pracht erleben will, unternimmt diese Wanderung daher an einem sonnigen Vormittag.
Der in der Hohen Egge (395 Meter) gipfelnde Selter ist ein überwiegend aus Kalkablagerungen des Jura aufgebautes Schichtkammgebirge, das sich in einer Länge von nur zehn Kilometern links der Leine von Greene nach Delligsen zieht. Er ist ein Teil der Jurabergkette zwischen der Ith-Hils-Mulde und dem Leinegraben: Jenseits der Wispeschlucht bei Delligsen setzt sich dieser Grenzwall im Steinberg und im Reuberg sowie im Duinger und im Thüster Berg fort.

Die Selterklippen

Vom Sportplatz leitet x mit weiter Westaussicht auf Hils, Elfas und Solling aufwärts und taucht in den Wald. Wo x an einer sehr schmalen Stelle eine Linkskurve macht und gleich darauf auf eine Straße münden will, geht es auf dem ersten (in der Mitte grasigen) Weg rechts: Ohne Markierung hält er zunächst kaum merklich aufwärts, senkt sich dann leicht abwärts und bleibt schließlich grasig im Steilhang. Schon bald kommt von unten ein Weglein herauf, und je nach Lust und Kondition ist zu überlegen: Hinabgehen und die überaus eindrucksvollen Felsen von unten erleben – oder auf dem oberen Weglein bleiben und sich den Wiederaufstieg sparen? In der Routenkilometrierung sind Ab- und Wiederaufstieg nicht eingerechnet, obwohl dieser Abstecher sehr zu empfehlen ist: Von unten bietet sich ein völlig anderes Bild – noch mächtiger, noch gewaltiger. Doch auch auf

dem oberen Hangweglein ist alles recht eindrucksvoll: Wie Giganten erheben sich im Dämmerlicht der Buchenkathedrale die in lotrechten Wänden abstürzenden Felspfeiler und -türme. Wer von oben auf die enormen Aussichtskanzeln tritt, die ihre Dächer bilden, darf nicht sorglos sein: Die Ost- und Nordostexposition und das hohe Buchenblätterdach bringen es mit sich, daß den Felsen feuchte Moosteppiche aufliegen – Rutschgefahr! Viele Felsen sind übersät mit Löchern, dies ist eine Folge chemischer Verwitterung. Ein Dorado sind die Steilhänge um die Selterklippen auch für Pflanzenkundige: Was sich hier außer der dominierenden Buche an Laubbäumen, aber auch an Sträuchern, Kräutern und Blumen findet, ist einzigartig. Interessierte sollten ein Bestimmungsbuch dabei haben.
Die Pracht des Waldes bringt es mit sich, daß das Weglein keine Aussicht bietet, außer an zwei von Menschen geschaffenen Stellen: einer Stromleitungsschneise und einer geländergesicherte Aussichtskanzel über den Rohren des Pumpspeicherwerks, letztere ganz hübsch zum Pausemachen mit schönem Blick hinab aufs weite Leinetal und die sich jenseits rundenden Berge. Unweit der Kanzel hockt im Hang der Kammersteinfelsen mit einer sagenumwobenen Höhle.

Über die Hohe Egge

Das Weglein zieht oberhalb der Klippen weiter. Wenn es sich zu einem verwachsenen Pfad verengt (hier kommt von oben ein Weglein herab), gehen wir weiter, weil es so schön ist. Aber ach, der Pfad endet an der Regierungsbezirksgrenze an einer Bierbüchsendeponie.
Zurück zur Stelle, wo das Weglein kammwärts abzweigt: Es erreicht den Kamm an einer Einsattelung, und von dieser zieht der Kammweg rechts hinauf zwischen alten Buchen, Eschen und Ahornen – wunderbar. Oben an der Regierungsbezirksgrenze ändert sich das schlagartig, weshalb wir uns an der nächsten Verzweigung halblinks aufwärts halten: Der Weg zieht auf die Hohe Egge (395 Meter), die höchste Erhebung des Selter. Wir überschreiten den Gipfel (geradeaus) und stoßen mit prachtvoller Westaussicht auf den Hils auf einen breiten Hangweg. Der zieht oberhalb von Kuhweiden links hinab. Wo er in einer

Gehzeit: 4 Stunden und mehr.
Markierungen: x, ansonsten siehe Routenbeschreibung.
Einkehrmöglichkeiten: Keine.

Die am Steilhang stehenden Selterklippen erreichen beachtliche Höhen.

Serpentine talwärts eine Kurve beschreibt, gehen wir in der Serpentine geradeaus aufwärts (schlecht ausgeschildert: x) und stoßen bald darauf wieder auf die bekannte Einsattelung. Hier rechts, am nicht sichtbaren Oberbecken des Pumpspeicherwerks vorbei und auf der Stichstraße kurz abwärts (alles mit x), bis x links abzweigt und uns auf der bekannten Route zum Ausgangspunkt zurückleitet.

Zum Wilhelm-Raabe-Turm auf dem Hils-Kamm

19

Auf dem Hilskamm lädt die Fuchsschneisenhütte zur Rast.

Diese ruhige Waldwanderung in ursprünglicher Natur bietet in wechselnden Varianten Blicke ins Weser- und ins Leinebergland und bis hin zum Harz, ehe der Wilhelm-Raabe-Turm einen Rundblick ermöglicht. Zuletzt begleiten uns die Tafeln eines landeskulturellen Lehrpfads.
Der Hils hat die Form einer Ohrmuschel, die sich nach Osten hin öffnet. Den teilweise steil abfallenden Rand der Muschel bildet ein im Nordbereich bogenförmig gerundeter Schichtkamm aus widerstandsfähigem Sandstein. Dieser bewaldete Kamm nimmt eine Sonderstellung zwischen Weser- und Leinebergland ein, da er sich weder aus dem Wesertal noch aus dem Leinegraben erhebt, sondern in einer Mulde liegt, der Ith-Hils-Mulde: Im Westen ist ihm vor der Weser der Vogler vorgelagert, im Osten trennt ihn der Selter von der Leine.
Die geologischen Schichten des Hils enthalten eine Reihe von Bodenschätzen, die seit Jahrhunderten von den Menschen genutzt werden: Asphaltkalke, Ton, Kohle, Gips, Kalk, Hils-Sandstein. Die wirtschaftlich bedeutendste Rolle haben die Eisenerze am Birkholz zwischen Delligsen und Grünenplan gespielt.

Ausgangsort: Delligsen, an der B3 Göttingen – Alfeld – Hannover; Abzweigung Richtung Eschershausen, Ortsteil Grünenplan.
Ausgangspunkt: Wanderparkplatz Von-Langen-Platz an der Straße Grünenplan nach Gerzen/Alfeld.
Wegverlauf: Von-Langen-Platz – (Kammweg) – Fuchsschneisenhütte – Bloße Zelle (478 m) – Wilhelm-Raabe-Turm – Roter Fuchs – (Langer Weg) – (landeskultureller Lehrpfad) – Von-Langen-Platz.

Wegcharakter: Der Kammweg ist bis kurz vorm Raabe-Turm ein grasiges, angenehmes Weglein; ansonsten bequeme Forstwege.
Weglänge: 16 km Rundwanderung.
Anstiege: 350 Hm.
Gehzeit: 4 Stunden; wegen der lesenswerten Lehrtafeln 5–6 Stunden.
Markierungen: Rotfuchs und x.
Einkehrmöglichkeit: Roter Fuchs (8 km).

1585 wurden die ersten Abbau-Versuche unternommen, doch erst im 18. Jahrhundert begann der regelmäßige Bergbau, der dann bis Ende des 19. Jahrhunderts dauerte.
Der Von-Langen-Platz, an dem die Wanderung beginnt, ist eine Wegespinne in einer Einsattelung des Hils-Kamms. Benannt ist er nach Georg von Langen (1699–1766), dem Begründer der Industrie im Weserraum. Über die Leistungen von Langens informiert am Ausgangspunkt eine Tafel des landeskulturellen Lehrpfads. Der Lehrpfad zweigt links auf den Langen Weg ab, doch ehe wir uns mit Lesen und Lernen beschäftigen, wandern wir erst einmal über den Kamm.

Über die Bloße Zelle zum Raabe-Turm

Der mit Rotfuchs und x markierte Weg zieht sich im Wald aufwärts und folgt dann immer dem bewaldeten Kamm, der beidseits recht steil abfällt. Die dominierenden Fichtenbestände werden gelegentlich von Buchen aufgelokert, vor allem der schöne Buchenhochwald bei P373, der ersten wahrnehmbaren Kammhöhe (Sitzbank), unterstreicht eindrucksvoll, wie prachtvoll unsere Wälder aussehen können, auch wenn es Wirtschaftswälder sind. Von Kammhöhe 373 zieht sich das Gras-

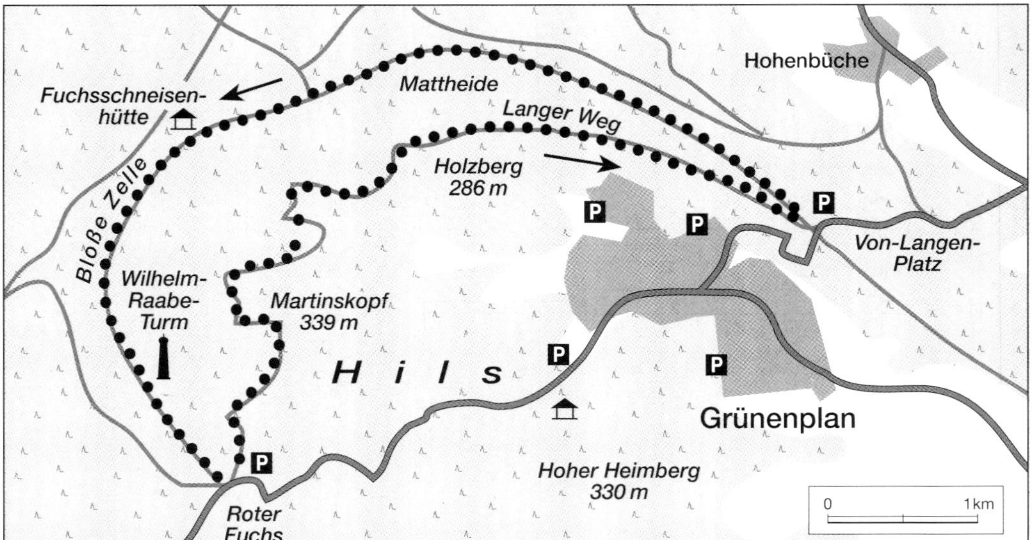

weglein in einen Sattel hinab und erklimmt dann Höhe 438 mit der Fuchsschneisenhütte: ein feiner Rastplatz mit herrlichem Tiefblick nordwärts auf den Duinger Wald, während sich rechts das Rotetal mit Coppengrave und Hohenbüchen zeigt, jenseits der Harz steht und links der Blick zum Ithkamm schweift. Von der Hüttenhöhe steigt der Kammweg wieder ab um dann auf die Bloße Zelle (478 Meter) hinaufzufahren, die höchste Hils-Erhebung; der Gipfelstein veranschlagt sie mit 480 Metern. Eigentlich ist es ein angenehmer Ort, aber die standortwidrigen Fichten stehen im Sterben, gleich weiter also: Aus dem manchmal sehr schmalen Kammweglein wird nun ein breiter Weg, der nach wenigen Minuten das Eisengerüst (1909) des Wilhelm-Raabe-Turms auf dem Großesohl (472 Meter) erreicht. Am Fuß des Turms läßt sich gut rasten: Bänke, Tische, Schutzhütte, Liegewiese, Aussicht. Der Name des Aussichtsturms und das Raabe-Denkmal auf dem Großesohl erinnern an den in Eschershausen geborenen Schriftsteller Wilhelm Raabe (1831–1910), der zu den bedeutendsten Vertretern des deutschen poetischen Realismus zählt.
Der breite Weg steigt in wenigen Minuten zur Straße ab, wo sich Parkplätze finden und das Gasthaus „Roter Fuchs“ zur Einkehr lädt.

Oben: Eine Blindschleiche räkelt sich auf dem Langen Weg im Abschnitt des landeskulturellen Lehrpfades.

Unten: Das Kürzel HB auf diesem alten Grenzstein auf dem Hilskamm steht für Herzogtum Braunschweig.

Der landeskulturelle Lehrpfad

Vom Roten Fuchs leitet der mit dem Rotfuchs markierte Weg zurück im Wechsel von Fichten- und Buchenwäldern. Nach etwa einer Stunde ruhigen Dahingehens kommt von Grünenplan der landeskulturelle Lehrpfad herauf, dessen Tafeln den Rest des Wegs bis zum Von-Langen-Platz begleiten. Die Lehrtafeln informieren umfassend über die Waldwirtschaft im Hilsbergland, über Geologie und Wirtschaftsgeschichte, über die Erstellung von Wanderkarten, über Natur- und Landschaftsschutz und vieles mehr. An den Lehrtafeln stehen Bänke, und wer auch nur einen Teil liest, wird für den Rest der Wanderung ganz schön lang brauchen – und um einiges an nützlichem Wissen bereichert den Ausgangspunkt erreichen.

20

Die Apenteichquellen am Paradiesgarten

Ausgangsort: Der Ort Winzenburg im Kreis Hildesheim liegt am Fuß des Sackwalds östlich von Freden an der Leine. Über die B64 Holzminden – Bad Gandersheim ist er von Greene aus rasch zu erreichen: In Greene Richtung Alfeld abzweigen, in Freden Richtung Winzenburg abzweigen.
Ausgangspunkt: Wanderparkplatz Apenteich (140 m) am nördlichen Ortsende von Winzenburg am Ende der Straße Zum Apenteich.
Wegverlauf: Tiebenburghütte – Apenteichquellen – Winzenburg – Hohe Schanze – Paradiesgarten – Teufelskirche – Everofe – Bocksberg – Zaubergarten – Tiebenburghütte.
Wegcharakter: Gut begehbare Waldwege. Lediglich der historische Lehrpfad auf der Hohen Schanze ist ein wenig verwildert.
Weglänge: 20 km Rundwanderung, mehrfach abkürzbar.
Anstiege: 450 Hm.
Gehzeit: 6 Stunden.

Dies ist eine der abwechslungsreichsten und zauberhaftesten Kultur-Natur-Wanderungen im Weserleinebergland: Die Apenteichquellen, der historische Lehrpfad auf der Hohen Schanze, die Waldwanderung auf dem Rennstieg, der Abstecher in den Paradiesgarten, die phantastischen Buchenhochwälder an der Teufelskirche bei Irmenseul, die idyllischen Wiesentäler am Fuß des Paradiesbergs, schließlich der Gang zurück vom Bocksberg über den Zaubergartensattel – das alles ist so schön, daß sich am Schluß Bedauern darüber einstellt, daß alles schon zu Ende ist. Wer die Wanderung dennoch abkürzen will, kann dies an vielen Stellen tun: Die gute Ausschilderung der Wege, die vom Sackwald zurück ins Tal führen, läßt kein Verlaufen zu.

Die Apenteichquellen

Am Wanderparkplatz steht die geräumige, gepflegte Tiebenburghütte, eine offene Schutzhütte mit großem Außengrill. Sie kann für 30 DM gemietet werden – eine gute Idee, wenn bei einem Urlaub im Weserleinebergland ein Kindergeburtstag

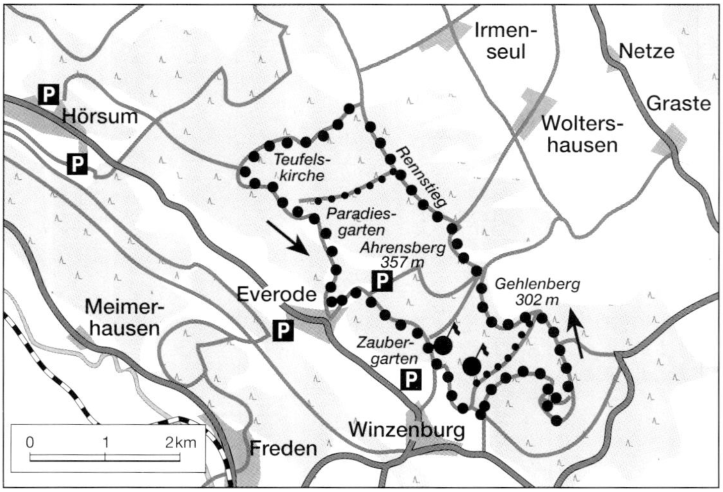

oder ein anderer festlicher Anlaß ins Haus steht, denn die Umgebung ist paradiesisch: Oberhalb der Hütte rundet sich der bewaldete Tiebenburgkegel, seit uralter Zeit von einem Ringwall umgeben, rechts steht der ebenfalls bewaldete Winzenburgkegel, dazwischen rauscht es aus der Talkerbe heraus – dort fließt der Bach, der zu den Apenteichquellen entführt.
Der Weg taucht in die romantische Talkerbe neben auffälligen Buchen ein, überall rauscht und rieselt es, dann zeigen sich die ersten Teiche neben wildem Buschwerk, und schon nach wenigen Minuten ist die Quelle erreicht, die in der alten Zeit als heilig galt. Die Verehrung der Quelle bzw. der sich in dieser Quelle manifestierenden Gottheit ist bis in die Zeit vor 3000 Jahren belegt: Aus der Zeit vor 2800 Jahren stammt eine Schlangenfibel, aus der Zeit vor 2700 Jahren datiert die sogenannte Trothaer Nadel, es wurden Armreifen aus Bronze gefunden, ein Flintbeil, ein nackengebogener Kulthammer und vieles mehr.

Markierungen: Orte und Wege sind namentlich ausgeschildert.
Einkehrmöglichkeiten: Keine.

Die Winzenburg

Vom alten Quellheiligtum schickt uns ein Schild weiter zur Burgruine Winzenburg. Der Weg bleibt im Westhang des Winzenburgkegels, zwischen den Bäumen hindurch fällt der Blick hinab auf die Fischteiche, die im Bach aus der heiligen Quelle erstmals 1221 angelegt wurden.

Unterhalb der Winzenburg auf dem Weg zur Hohen Schanze öffnen sich aussichtsreiche Acker- und Grünlandfluren.

Wo der Hangweg aus dem Wald kommt, trifft er auf den mit L markierten Leineberglandweg, und auf diesem geht es am Waldsaum links hinauf mit weiter Aussicht, bis das Schild wiederum links hinauf zur Winzenburgruine weist. Man kann nun zur Ruine hinaufgehen und sich die Fundamentreste im Rahmen eines Abstechers anschauen; wer die Wanderung ohnehin abkürzen will, tut dies nicht, sondern geht gleich weiter und kehrt dann nach Besichtigung der Hohen Schanze vom Rennstieg via Winzenburgruine zurück.

Die Burg wurde wohl um 850 von den fränkischen Eroberern gegründet, erstmals erwähnt wird sie 1109 als Residenz des Grafen Hermann I. von Winzenburg. 1152 wurde sein Sohn Hermann II. ermordet, damit erlosch das Grafengeschlecht, die Burg wurde Residenz der Amtleute des Bischofs von Hildesheim und war eine der am stärksten befestigten Burgen des Füstbistums. Während der Hildesheimer Stiftsfehde wurde sie 1522 zerstört. Ihre Steine wurden zum Wiederaufbau des ebenfalls zerstörten Wirtschaftshofs in Hasekenhusen verwendet, seither heißt Hasekenhusen „Winzenburg".

Der Weg zu Tante Gretes Bank ist weit, aber er lohnt sich: Im Sonnenhang des Paradiesgartens öffnet sich eine wunderschöne, ruhige Aussicht.

Die Hohe Schanze

Am Waldsaum senkt sich der Weg aussichtsreich ins Ochsental hinab, dort leitet die Markierung L talaufwärts, bis der Hohe-Schanze-Weg abzweigt und zuletzt ein steiler Serpentinenpfad den Bergkegel erklimmt; der Name „Hohe Schanze" ist seit 1798 gebräuchlich, vorher hieß die Spitze des Bergkegels „Olenborg" (= alte Burg). Tafeln eines historischen Lehrpfads würdigen die christlich-fränkischen Bauwerke, die auf dem jetzt bewaldeten Bergkegel freigelegt wurden: Kirche mit Chor, Wachturm, Speicherhaus, Wohnhaus des Leiters der Missionsstation, Gemeinschaftshaus der christlichen Missionare, Zangentor usw.

Funde deuten darauf hin, daß schon in der Stein- und Bronzezeit Menschen auf diesen hohen Berg kamen; das ist jene Zeit, aus der auch die Opfergabenfunde an der Apenteichquelle stammen. In der frühen Eisenzeit – vor etwa 2500 Jahren – wurde der gesamte Berg abgeholzt und die Bergkuppe dann mit einem Wall umgeben.

In den Paradiesgarten

Am ehemaligen Zangentor der fränkischen Militär- und Missionsanlage verläßt der historische Lehrpfad das Burggelände. Aus dem Tor tretend, gehen wir links und bald rechts, immer an der Abbruchkante des steil ins Leinetal abfallenden Bergs. An der mächtigen Samesbuche steht eine Sitzbank, die Rennstieg-Schilder leiten uns über schöne Wege durch Buchenwald. Ein empfehlenswerter Abstecher ist der Weg zum Paradiesgarten mit „Tante Gretes Bank“: Die Aussicht ist so herrlich, daß man da stundenlang in der Sonne sitzen und Pause machen könnte – bewaldete Bergrücken und tiefe Täler so weit das Auge reicht. Aus dem Paradies kehren wir zurück zum Rennstieg, der weiter durch den Sackwald zieht und mit der Richtungsangabe „Everode“ den Teufelskircherberg umrundet. Der Weg durch den Buchenhochwald überschreitet den Fuß der Teufelskirche, senkt sich hinab und zieht sich über den Fuß des Paradiesgartens, wo sich die Wiesenidylle vor dem Mullenberg öffnet; nun senkt sich der Weg in die Kerbe zwischen Paradiesgarten und Ahrensberg und trifft dort auf einen Forstweg. Der leitet sanft talwärts, an einer Quelle vorbei und schließlich ins Dorf Everode hinab, dessen spitzer Kirchturm ganz plötzlich hinter einem Grasrücken hervorlugt.

Fast die gesamte Wanderung im Sackwald führt durch prächtige Laubwälder.

Vom Bocksberg zum Zaubergarten

Wenn die Wegeverzweigung vor dem Dorf Everode erreicht ist, gehen wir halblinks („Auf dem Beeke“) und vorn an der Straße („Auf dem Beeke“) links Richtung Sportplatz. Der Sportplatz liegt unterm Bocksberg, dort findet sich auch der Wanderparkplatz „Bocksberg“ mit einer Orientierungstafel. Der mit Pilz und Fuchs markierte Rüstibergweg zieht hinauf zum Wegedreieck am Zaubergarten; dort biegen Pilz und Fuchs rechts auf den Douglasienweg ab und spazieren hinab ins Waldtal zwischen Rüstiberg und Tiebenburg, dann ist auch schon der Ausgangspunkt erreicht.

21

Die Seenplatte im Duinger Wald

Ausgangsort: Duingen ist über die B240 Hameln – Eschershausen – Gronau zu erreichen.
Ausgangspunkt: Der Wanderparkplatz Forstgarten (200 m) liegt an der B240 zwischen Eschershausen und Gronau.
Wegverlauf: Wanderparkplatz Forstgarten – geologischer Lehrpfad – Gipsgrubenblick – Haidkopf (226 m) – Kampweg – Manöverweg – Paradiesweg – Paradiesteiche – Weinberger See – Saalesee – Ententeich – Bruchsee – Wanderparkplatz Dicke Eiche – Wanderparkplatz Forstgarten.
Wegcharakter: Neben gepflegten Waldwegen auch Wege und Pfade, die ein wenig matschig sein können.
Weglänge: 10 km Rundwanderung.
Anstiege: 100 Hm.
Gehzeit: 2–3 Stunden.
Markierungen: Siehe Routenbeschreibung.
Einkehrmöglichkeit: Imbiß am Bootsverleih am Bruchsee.

Umrahmt von Duinger Berg, Thüster Berg und Ithkamm, breitet sich zwischen den Orten Thüste, Weenzen und Wallensen eine kleinteilige Wald-, Teiche- und Seenlandschaft aus, in der sich Wassersportler tummeln – Schwimmen, Surfen, Tauchen – und in der uns beim Wandern außer der Idylle der Seen und Teiche ein recht abwechslungsreicher Wald erfreut. Nicht nur Wassersportler, Familien und Wanderer zieht dieses Gebiet an, sondern auch die Industrie, durch deren Tätigkeit die Seenlandschaft erst geschaffen wurde: Seit dem 19. Jahrhundert wurde über Tag Braunkohle abgebaut, bis heute gewinnt man Gips und Glassand. Als die Qualität der Kohle nachließ und sich Absatzschwierigkeiten einstellten, kam 1966 das Aus für den Kohleabbau, die etwa 200 Hektar große Fläche wurde rekultiviert und in das Erholungsgebiet Duinger Wald umgewandelt. Zwischen dem Erholungsgebiet und Wallensen erinnert eine

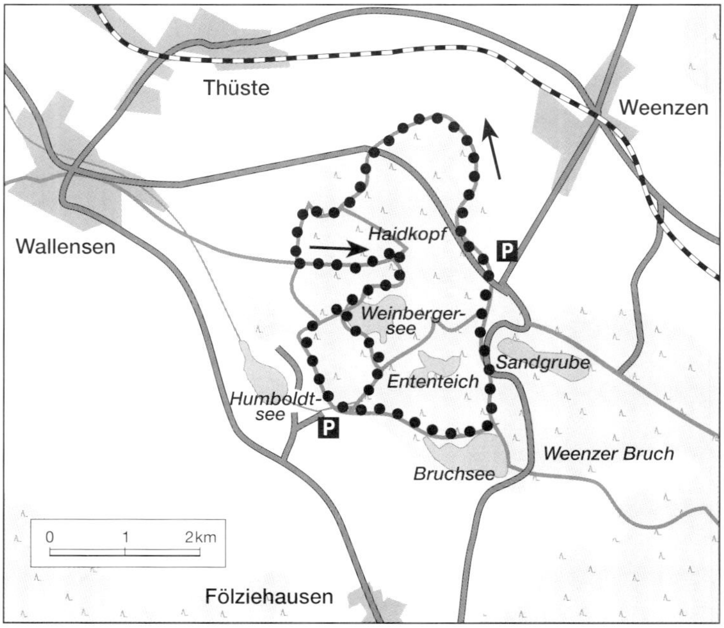

Bergmannssiedlung an die Zeit der Kohlenkumpel: 1842 wurden die Kohlevorkommen entdeckt, der Abbau im großen Stil begann 1871 durch den Preußischen Bergwerksfiskus, 1900 wurde in Thüste eine Brikettfabrik zur Verarbeitung der Rohkohle gegründet, die Namen „Humboldtsee“ und „Humboldtweg“ im Erholungsgebiet erinnern an die Bergbaugesellschaft Humboldt.

Natürliche Seen gibt es im Weserbergland so gut wie keine. Um so romantischer sind viele der durch Aufstauung entstandenen Waldweiher und Teiche. Im Bild der Teich bei der Köhler-Liesel-Hütte im Reinhardswald.

Geologischer Wander- und Lehrpfad

Es gibt mehrere Wanderparkplätze, empfohlen sei der Parkplatz „Forstgarten“, bei dem es an Sommerwochenenden wegen seiner relativ weiten Entfernung von den vielbesuchten Wassersportseen zu weniger Parkplatzproblemen kommt und an dem außerdem der Geologische Wander- und Lehrpfad beginnt, den das Forstamt eingerichtet hat.
Markiert mit dem Laubbaum, hält der Forstweg waldwärts, wobei schon nach wenigen Metern links bei der Lehrtafel eine

Der Blick vom Kanstein auf Ahrenfeld.

Aussichtskanzel den Tiefblick in den Gipsbruch ermöglicht. Das heutige Erholungsgebiet war vor Millionen Jahren eine Mulde, die durch teilweise Auslaugung eines Salzstocks entstanden war. Während der Tertiärzeit füllte sich die Mulde mit 200 Meter mächtigen Sand-, Ton- und Torf- bzw. Braunkohleablagerungen, aber nicht überall: Der Gipshut des Salzstocks schaute aus den Ablagerungen heraus.
Nun taucht der Weg in Buchenmischwald ein, zieht an der Abzweigung zum Paradies vorbei zum Haidkopf (226 Meter), wo der „Kampweg" halbrechts abzweigt. Er führt zu einer Gruppe uralter Eichen, zieht links weiter, immer in etwa im Waldsaum bleibend mit Blick auf Weenzen und den Duinger Berg. Zuletzt trifft er wieder auf den Forstweg, der am Haidkopf verlassen wurde. Hier geht es mit schönem Blick auf den Thüster Berg kurz rechts, dann – Lehrtafel, stabile Bänke und Tisch – links auf dem „Manöverweg" waldeinwärts.

Zu den Seen

Der Manöverweg durchzieht prachtvollen Laubwald, und wo er aus dem Wald tritt, leitet ein Waldrandweg mit gutem Blick auf den Ith links, bald auf einem Pfad über ein Bächlein hinweg, ehe der „Paradiesweg" kreuzt. Vor dem Durchstreifen der Seen- und Teichelandschaft lohnt ein kurzer Abstecher links auf diesem Weg. Anfangs begleiten uns mächtige alte Laubbäume, dann öffnet sich rechts die Sandgrube. Während der Gipsgrubenblick am Anfang der Wanderung eine eher bescheidene Perspektive eröffnet hat, bietet sich hier ein beeindruckender Tiefblick in die große Glassandgrube – dahinter in der Ferne der Kamm des Ith. Der eisenarme, reine, sehr helle Quarzsand wird unter anderem zur Herstellung optischer Gläser verwendet.
Zurück zur Abzweigung: Geradeaus geht es weiter zu den Teichen, wo sich eine verwirrende Vielfalt von Wandermöglichkeiten, Abkürzungen und Umwegen eröffnet – Paradiesteiche, Humboldtsee, Saalesee und wie sie alle heißen. Man läßt sich hier am besten wandernd inspirieren, macht am Bruchsee Pause mit ein paar Runden Schwimmen oder einer Bootstour, dann geht's via Dicke Eiche – sie ist fast 300 Jahre alt – zurück zum Ausgangspunkt.

Zum Lönsturm auf dem Thüster Berg

22

Auf den Thüster Berg ist schon der Heidelyriker und Naturschilderer Hermann Löns mit Begeisterung gestiegen, und der Aussichtsturm auf dem Thüster ist nach ihm benannt. Allerdings hat Löns die Aussicht nicht von einem Turm genossen, und ein solcher wäre auch gar nicht nötig, denn der prachtvolle Kanstein bietet auch so eine hervorragende Sicht. Seit Löns' Zeiten hat sich einiges geändert, zwischen Kanstein und Salzhemmendorf wurde der Thüster Berg großflächig zur Kalksteingewinnung zerbaggert, geblieben am Kanstein selbst sind jedoch die Aussicht und die Kletterer.

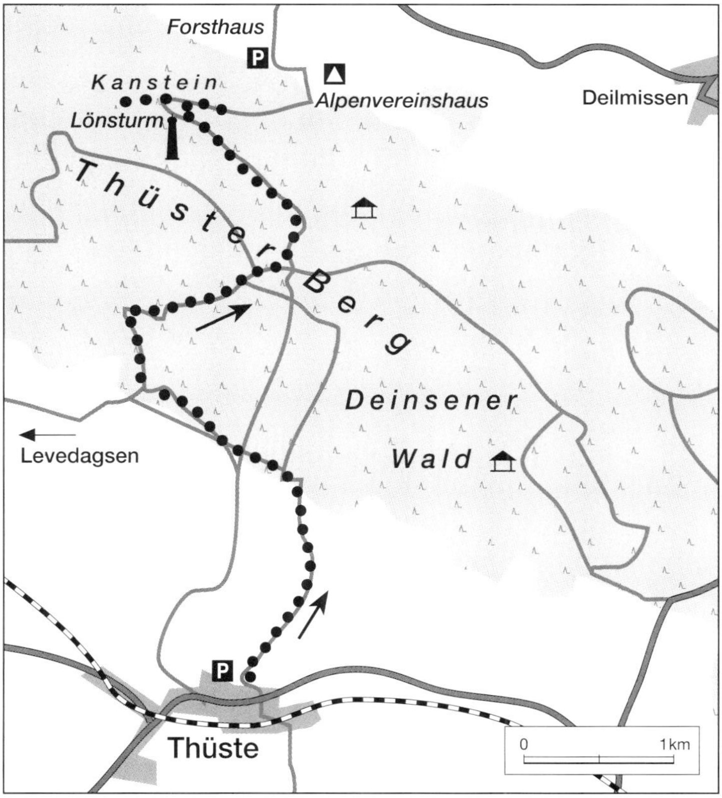

Ausgangsort: Der kleine Ort Thüste hat keinen Bundesstraßenanschluß. Östlich verläuft jedoch die B240 Eschershausen – Gronau, nördlich die B1 Hameln – Hildesheim.
Ausgangspunkt: Wanderparkplatz (170 m) am Friedhof in Thüste; der Parkplatz ist an der Durchgangsstraße ausgeschildert.
Wegverlauf: Friedhof – Sitzbank mit Saaletalblick – Lönsturm/Kanstein und zurück.
Wegcharakter: Überwiegend feste Feld- und Waldwege.
Weglänge: 13 km.
Anstiege: 400 Hm.
Gehzeit: 4 Stunden.
Markierungen: Siehe Routenbeschreibung.
Einkehrmöglichkeiten: Keine.

Der Kanstein gehört schon seit langem zu den beliebtesten Klettergebieten Norddeutschlands.

Felder, Wiesen, Wälder – weite Aussicht

Vom Friedhof in Thüste zieht der Weg zwischen Wiesen und Feldern aufwärts mit weiter Sicht auf Thüster, Duinger Berg und Hils sowie – jenseits des Saaletals – auf den Ithkamm. An der ersten Verzweigung geht es halblinks bergwärts weiter zwischen Schlehen- und Hagebuttensträuchern, hinter denen auf aussichtsreichen Viehweiden Kühe grasen. Wenn der Weg in den Wald eintritt, wäre es am einfachsten ihm zu folgen, aber leider verwildert er weiter oben und führt nicht zum Ziel. Kurz nach dem Eintritt in den Wald wechseln wir daher links auf ein grasiges Weglein, das im Waldsaum zwischen hohen, alten Buchen sacht aufwärts hält und nach wenigen Minuten eine neu aufgestellte Sitzbank mit phantastischem Saaletalblick erreicht – ein prachtvoller Platz, der zum Verweilen einlädt; abends bei der Rückwanderung hier zu sitzen und nach und nach die Lichter in den Dörfern angehen zu sehen, hat einen ganz besonderen Reiz.

Die Sitzbank steht auf dem Südwestrücken des Steinkopfs, und man ist versucht, dem Weg auf dem Rücken aufwärts zu folgen, aber leider verwildert auch dieser Weg und führt nicht zum Ziel. An der Sitzbank überschreiten wir daher den Rücken und gehen kurz hinab, bis bergseitig ein bequemer Hangweg abzweigt. Er steigt kurz hinauf, quert in kaum merklichem Abstieg den Waldhang, und kurz bevor er schließlich aus dem Wald hinauslaufen will, zweigen wir rechts auf einen Weg ab. Dieser ist anfangs schmal, weitet sich jedoch bald zum bequemen Forstweg und mündet auf dem Kamm auf die für Autos gesperrte Asphaltstraße, die links zum Telekomturm zieht. Am Funkturmgelände endet der Asphalt, die Markierungen △ und AV umgehen das Gelände links und ziehen zum Lönsturm am Kanstein. Das Fels- und Waldgelände am Kanstein und die hervorragende Aussicht lassen einen so schnell nicht los: Hier ist nicht nur große Pause angesagt, sondern die spannende Erkundung des Fels- und Waldgeländes auf eigene Faust.

Vom Ith fällt der Blick hinüber auf den Thüster Berg jenseits des Saaletals.

23

Felsfaszination um die Rothesteinhöhle

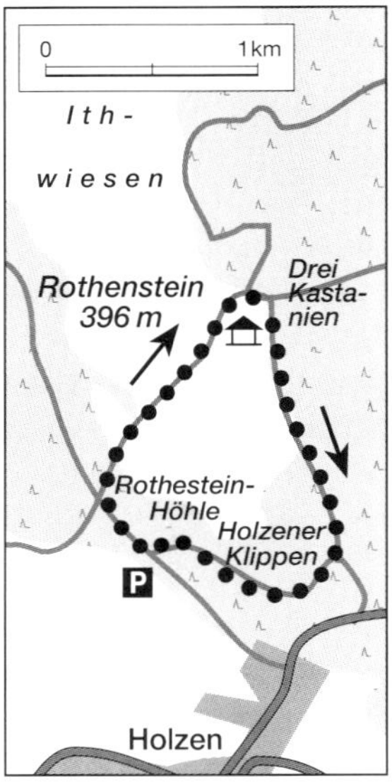

Ausgangsort: Die Stadt Eschershausen im Kreis Holzminden liegt an der B64 Holzminden – Bad Gandersheim – Seesen. **Ausgangspunkt:** Nordöstlich von Eschershausen liegt an der Straße nach Grünenplan/Delligsen der Ort Holzen. Hier zweigen wir auf die Hüttenstraße ab, biegen am Waldrand links ab, halten uns zwischen Wald und letzten Häusern bergwärts bis der Weg an einem Wanderparkplatz für den Autoverkehr gesperrt ist.

Die sagenumwobene Rothesteinhöhle ist die bekannteste Höhle im Weserbergland; die Fels- und Laubwaldumgebung, in der sich ihr Eingangsspalt öffnet, zählt zu den wildesten Gebieten des Weserberglands. Da die Wanderwegemarkierungen hier allerdings in die Irre führen, sich plötzlich in Luft auflösen und ähnliche Kapriolen vollführen, beschränkt sich der Wandervorschlag auf ein Gebiet, das so klein ist, daß Verlaufen unmöglich ist. Aber trotz der kilometermäßigen Winzigkeit ist dies eine spannende Wanderung, die stundenlang in Atem halten kann.

Die Rothesteinhöhle

Am Parkplatz sind die eindrucksvollen Holzener Klippen in Sicht, von denen wir am Abschluß der Wanderung herabkommen werden. Dank der Südwest-Ausrichtung sind sie – anders als die Selterklippen – trocken und sonnig und verwandeln sich nicht nur an schönen Sommerwochenenden in eine Freiluftarena für Kletterer und solche, die es werden wollen. Vom Parkplatz führt ein anfangs holzgetreppter Steig direkt hinauf, aber wir wollen erst einmal zur Rothesteinhöhle: Mit der Markierung x geht es auf dem Forstweg geradeaus. Schon nach wenigen dutzend Schritten zweigt x bergseitig auf einen Pfad ab, der im Buchenhochwald unterhalb der mächtigen Wände, Pfeiler, Türme und Kanzeln aufwärts zieht. Wechseln Sie aus Rücksicht auf die prachtvolle Natur nicht auf einen der felswärts abzweigenden Trampelpfade, auch wenn dies verlockend ist – unser Pfad führt ebenfalls hin, der „Umweg" macht höchstens zwei Minuten aus.

Der mit x notierte Pfad trifft auf ein Kerbtälchen, das quer in den Kamm schneidet, und verzweigt sich hier: Wir gehen mit x neben der Kerbe rechts hinauf, bis nach wenigen Metern das Höhlensymbol rechts auf einen zu den Felsen führenden Steig weist. Die Höhlenbesichtigung ist ohne Ausrüstung nicht möglich: Mindeststandard sind Helm und Höhlenlicht sowie Begleitung und robuste Bekleidung. Funde aus der Bronzezeit (Dolchklingen, Ringe) lassen darauf schließen, daß die Rothesteinhöhle einschließlich einer seitlichen Höhlenkammer schon vor Tausenden von Jahren von Menschen aufgesucht wurde war. Freilich hat man hier nicht nur Bronzegerät entdeckt, es kamen auch menschliche Fingerknochen und das als kultisches Trinkgefäß gedeutete Schädeldach eines neugeborenen Rinds zum Vorschein. Aus den Funden wurde geschlossen, daß die Rothesteinhöhle eine bronzezeitliche Kulthöhle war. Darüber, worin die kultischen Handlungen bestanden und welchem Zweck sie dienten, läßt sich jedoch nur spekulieren. Was aber die Jahrtausende überdauert hat und heute wie wohl damals spürbar ist, ist die einzigartige, machtvolle Stimmung, die hier herrscht, wenn man aus der Höhle tritt und von den Felsen in die Buchenkathedrale schaut.

Auf die Holzener Klippen

Von der Höhle zurück zum Fernwanderweg: Die Markierung x hält neben der Kerbe weiter aufwärts und spaziert dann in dieser Richtung quer über die Wiesen des Ith, hier Ausläufer eines Segelfluggeländes. Die Sicht ist phantastisch: Geradeaus rundet sich der Hils mit dem Wilhelm-Raabe-Turm und der Bloßen Zelle, dann zeigt sich links das Saaletal. Der Weg ist nun überhaupt nicht mehr markiert: Es geht geradeaus und an der Verzweigung in den Kuhweiden halbrechts auf den Wald zu, nach Eintritt in den Wald mit der Markierung Libelle rechts zur Wegeverzweigung bei den Drei Kastanien und hier mit der Markierung Eule auf einem Forstweg rechts sacht abwärts, wo gleich darauf ein Schutzhüttenrondell steht.

Der Weg hält weiter abwärts, vielleicht ein Viertelstündchen, dann heißt es bei Hütten Aufpassen: Hier geht es ohne Markierung vor der alten Hütte auf dem grasigen Weg rechts aufwärts. Wo von diesem breiten Weg in einer Kurve ein schmaler Pfad geradeaus abzweigt (bei einem Hochsitz), wechseln wir auf dieses Weglein, das auf die Klippen führt, die wir vorhin von unten gesehen haben. Auf diesen erstklassigen Aussichts- und Rastthronen besteht prinzipiell aber höchste Absturzgefahr!

Wegverlauf: Parkplatz – Rothesteinhöhle – Segelflugplatz – Drei Kastanien – Holzener Klippen – Parkplatz.
Wegcharakter: Im Bereich der Klippen, also auch im Bereich der Rothesteinhöhle, gibt es ausschließlich felsige, wurzelige, verwilderte Pfade, die besonders bei Nässe als gefährlich einzustufen sind. Wer die Wanderung mit (kleinen) Kindern unternimmt, sollte sie vorher über Aussehen und gefährlichkeit von Tollkirschen aufklären.
Weglänge: 5 km Rundwanderung mit zahlreichen Möglichkeiten der Verlängerung.
Anstiege: 200 Hm.
Gehzeit: 2–3 Stunden.
Markierungen: Siehe Routenbeschreibung.
Einkehrmöglichkeiten: Keine.

Die Himmelsleiterwand an den Holzener Klippen.

Schließlich senkt sich das Klippenweglein in eine Talkerbe und stößt dort auf einen grasigen Weg. Dieser führt hinab zum bekannten breiten Wanderweg am Ausgangspunkt. Es ist aber auch interessant, nicht gleich hinabzugehen, sondern die Steige zu erkunden, die direkt unterhalb der Klippen (rechts und links der Talkerbe) entlangziehen.

Die Wasserbaumquelle unter dem Ithgrat

24

Die Karten verzeichnen beim Dorf Ockensen am Ostfuß des mittleren Ith ein „Naturdenkmal Wasserbaumquelle“. Das ist der Ausgangspunkt, aber nicht nur: Wer zum ersten Mal die Wassermassen aus dem Baum spritzen sieht, wird sich sicher fragen, wie die Natur so etwas zustandegebracht hat. Man gerät hier in einen Zwiespalt: Da die staatlichen Karten sagen, dies sei ein „Natur“-Denkmal und eine „Quelle“, glaubt man das zuerst, in der Annahme, daß offizielle Karten keine Märchen verbreiten.

Des Rätsels Lösung ist höchst banal: Es handelt sich weder um

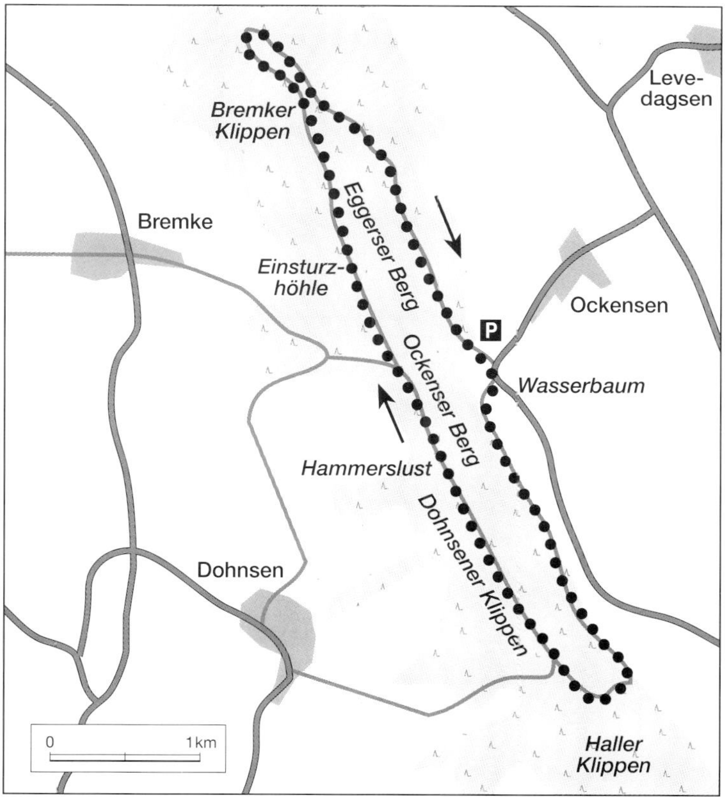

Ausgangsort: Zwischen Ith und Thüster Berg liegt die Gemeinde Salzhemmendorf; sie ist von Norden über die B1 Hameln – Hildesheim und von Süden über die B240 Eschershausen – Gronau zu erreichen.
Ausgangspunkt: Im Dorf Ockensen, Teil der Gemeinde Salzhemmendorf, ist der Wasserbaum ausgeschildert. Oberhalb vom Wasserbaum liegt im Waldsaum der ebenfalls ausgeschilderte Wanderparkplatz (280 m).
Wegverlauf: Wasserbaum – Waldrandweg – Dohnsener Klippen – Hammerslust – Bremker Klippen – Bremker Sattel – Wasserbaum.
Wegcharakter: Mit Ausnahme des naturnahen Kammpfads gepflegte Forstwege.
Weglänge: 12 km Rundwanderung.
Anstiege: 300 Hm.
Gehzeit: 4 Stunden.
Markierungen: Siehe Routenbeschreibung.
Einkehrmöglichkeiten: Keine.

Das „Naturdenkmal Wasserbaumquelle".

ein Naturdenkmal noch um einen Baum und schon gar nicht um eine Quelle. Der technisch versierte Sägewerksunternehmer Meyer erwarb 1904 das Gelände; er ließ das Gebäude errichten, in dem heute der Förster wohnt. Um die Sägen zu betreiben, nutzte er die Kraft der vom Ith herabströmenden Wasser, allerdings erfolgte die Umwandlung von Wasser in Energie nicht per Mühlrad, sondern durch eine wassergetriebene Strommaschine. Da der Wasserfluß zum Antrieb der Turbine gleichmäßig sein mußte, ließ Herr Mayer Stauteiche anlegen, und von den Teichen wurde das Wasser in Tonrohren der Strommaschine zugeführt. Nun war es umständlich, jedesmal zu den Teichen hinaufzulaufen und nachzusehen, ob sie gefüllt waren. Daher ließ der pfiffige Herr Mayer zwischen Teichen und Sägewerk ein Überlaufventil einbauen: Er zimmerte ein übermannshohes Holzrohr, aus dem das Wasser oben hinausspritzte, wenn die Teiche gefüllt waren und ein entsprechender Druck herrschte. Nun mußte er nicht mehr zu den Teichen laufen um nachzusehen, ob er die Strommaschine anwerfen konnte, er brauchte vom Haus aus nur zum Überlaufventil zu schauen: Spritzte Wasser heraus, so waren die Stauteiche gut gefüllt.
Aus dem hölzernen Überlaufventil des Sägewerksbesitzers Mayer ist das heutige „Naturdenkmal Wasserbaumquelle" geworden. Der Ith besteht aus Dolomit, also aus Kalk. Wenn das Wasser aus dem Rohr tritt und mit Luft in Berührung kommt, entweicht infolge von Erwärmung und Druckentlastung Kohlensäure und der Kalk fällt aus. Dieser setzt sich als Sinter ab, was am „Wasserbaum" gut zu beobachten ist: Rund um das einstige Überlaufrohr haben sich mächtige Ablagerungen gebildet, die – auf den allerersten Blick – als uralter Baumstamm gedeutet werden könnten, da sie zudem von Moosen überzogen sind. Auch die Moose sind übersintert und überwachsen wiederum die Sinterablagerungen.

Zur Hammerslust auf den Dohnsener Klippen

Vom Wasserbaum zieht ein Weg an den Teichen vorbei aufwärts, wird kurzzeitig schmäler und mündet auf einen Spazierweg, auf dem wir nach links gehen: Zwischen Wald und Feldflur zieht er aussichtsreich dahin, weiten Blick über das bäuerlich geprägte Saaletal hinweg gewährend; die markanteste Erscheinung ist jenseits der turmüberhöhte Thüster Berg. Wo der Spazierweg nach etwa einer halben Stunde den Waldrandbereich verlassen und sich zu den Häusern von Hakenrode hinabsenken will, zweigt ein Grasweg ab, der in Serpentinen den Kamm erklimmt. Die Abzweigung ist nicht markiert; der Spazierweg verbreitert sich hier zu einer Art Wendeplatte; außerdem steht direkt hinter dem Abzweigungsbereich ein Schild „Forstweg“. Die Abzweigung ist also nicht zu verfehlen, und wenn wir sehen, daß sich Liebespärchen in den Buchen am Wegrand verewigt haben – lang ist's her –, wissen wir, daß wir richtig sind. Der Serpentinenweg mündet auf den Kammpfad an einer Stelle mit Blick zum Vogler.

Die Markierung des Kammpfads ist alt, aber an den wenigen Verzweigungen noch vorhanden: Man wird sich also nicht verlaufen auf dem von üppigem Laubwald bestockten Kamm, den bis zu 24 Meter lotrecht abstürzende Felsbastionen durchbrechen. Da es keinen Weg und somit keine Bewirtschaftung gibt, hat sich auf den Kalkböden eine artenreiche Vegetation entwickelt; es ist von Vorteil, ein Bestimmungsbuch zur Hand zu haben. Einige der mächtigen Dohnsener Klippen sind von Efeu berankt. Es herrscht zuweilen eine Stimmung, als würde man durch einen Garten Eden schreiten.

Ein hervorragender Rastpunkt ist die auf einer kurzen Metalleiter ersteigbare Felsbastion Hammerslust mit geländergesicherter Aussichtskanzel: Enormer Westblick über die prachtvolle Landschaft, in die ohne Rücksicht auf kulturelle und ästhetische Werte das Kernkraftwerk Grohnde plaziert wurde.

An den Dohnsener Klippen.

Die Bremker Klippen

Vom Felsen Hammerslust zieht der Kammpfad hinab in den Grohnder Hochspannungsleitungs-Sattel (Blick auf Ockensen), wechselt kurz auf einen Forstweg und zweigt nach der ersten Klippe wieder links ab. Die Passage über die Bremker Klippen kann als noch phantastischer, noch naturschöner, noch wilder und verwunschener als der Kammpfad über die Dohnenser Klippen empfunden werden. In beständigem Auf

Das „Kamel", die wohl bekannteste Felsformation der Lüerdisser Klippen.

und Ab zieht der wurzelige, felsige, moosige, laubbedeckte Pfad bzw. Steig dahin, zwischen Feldern von bemoosten Verwitterungsblöcken, in romantischem Laubwald, alte Hannover/Braunschweig-Grenzsteine stehen am Pfad, und wer auch nur einige wenige der vielen eindrucksvollen Felsen erkundet, wird mit dieser Wanderung sicherlich einen ganzen Tag beschäftigt sein.

Schließlich enden die Klippen, der Kamm verbreitert sich zum Rücken, und unvermittelt ist die Pfadkreuzung am Bremker Paß mit den Resten einer Sitzbank (zum Rasten ungeeignet) und altem Wegweiser erreicht. Hier schickt uns der Wegweiser „Fischteiche" auf den ockensenseitigen Pfad, doch nach wenigen Metern verlassen wir den Pfad und zweigen rechts auf einen grasigen Hangweg ab. Er wird bald zu einem Forstweg, der geruhsam in sachtem Abstieg durch die Buchenwälder spaziert (an Verzweigungen stets auf dem Hangweg bleiben!) und schließlich den Wanderparkplatz am Ausgangspunkt erreicht.

Der Fahnensteinfelsen bei Adam und Eva

25

Die Fels-, Wald- und Aussichtswanderung zum Fahnen- oder Fahenstein und über den nördlichen Ithkamm zum Krüllbrinkturm ist eine der naturschönsten Wanderungen. Hervorzuheben ist auch die vorbildliche Pflege des Wanderwegs bzw. -pfads: Wie liebevoll sich der Förster bemüht, daß Wanderer auf dem rechten Wege bleiben, das hat ein dickes Lob verdient. Und was bei solch aufmerksamer Pflege herauskommt, ist eine Wanderung vom Allerfeinsten.

Die Wanderung führt durch das Naturschutzgebiet „Naturwald Saubrink/Oberberg". Das 240 Hektar große Gebiet wurde aus

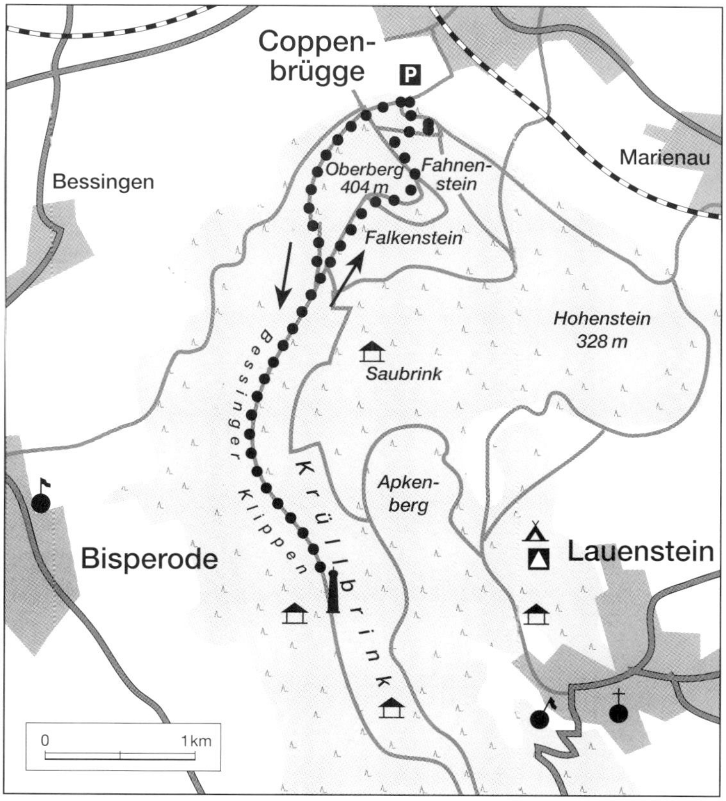

Ausgangsort: Der Ort Coppenbrügge liegt an der B1 Hameln – Hildesheim an der Einmündung der B442 Bad Münder – Coppenbrügge.
Ausgangspunkt: Der Wanderparkplatz (170 m) beim Staatlichen Revierforstamt ist in Coppenbrügge an der B1 ausgeschildert.
Wegverlauf: Wanderparkplatz – Grillhütte Friedas Ruh – Teufelsküche – Fahnenstein – Oberberg (404 m) – Adam und Eva – Krüllbrink (439 m) – Adam und Eva – Wanderparkplatz.
Wegcharakter: Fast durchweg wurzelige und felsige Waldpfade, der eigentlich ungefährliche Steig durch den Fahenstein ist geländergesichert.
Weglänge: 10 km.
Anstiege: 350 Hm.
Markierung: Wegweiser und Pflöcke mit dem Schutzgebietszeichen.
Einkehrmöglichkeiten: Keine.

der Bewirtschaftung entlassen. Ziel der Ausweisung zum Naturschutzgebiet ist, daß sich hier ohne menschliche Eingriffe ein Naturwald entwickelt.

Zum Fahnenstein

Vom Parkplatz hält die Geweih-Markierung auf einem Forstweg aufwärts und kurvt mit diesem an der ersten Verzweigung links. Obwohl das Naturschutzgebiet noch nicht erreicht ist, beeindruckt uns der Laubwald schon hier: Der Kronenraum ist so vielstufig, daß vor lauter Blättern kaum mehr die Stämme zu sehen sind. Wenig später wechselt die Markierung Geweih rechts auf einen laubbedeckten Weg im Steilhang, in dem unter hohen Buchen beeindruckende Felsklötze sitzen. Dann ist die geräumige Grillhütte „Friedas Ruh" erreicht. Weiter geht es bergaufwärts im Wald- und Felsparadies, wobei die Route nun markiert ist mit etwa hüfthohen Holzpflöcken, die das Schutzgebietszeichen tragen. Schon bald zeigen sich die gewaltigen Wände des Fahnen- oder Fahensteins, die Pflöcke wechseln vom Weg auf einen Steig, der an der Teufelsküche eine Linkskurve macht und – gesichert durch ein Holzgländer – die mächtige Felsbastion erklimmt. Die kleine, lotrecht abbrechende Kanzel mit Metallgländer eignet sich gut zur Rast, wobei Felsblöcke als natürliche Throne dienen: Blick auf Coppenbrügge, Osterwald, Süntel.
Die Pflöcke leiten weiter aufwärts, dann ebnet sich der Steig zum angenehmen Waldpfad, überschreitet den Oberberg (404 Meter) und senkt sich zur Pfadkreuzung im Adam-und-Eva-Sattel: Adam ist das etwa zehn Meter hohe Felstürmchen, daneben steht bergseitig die zugehörige Eva, acht Meter.

Die Teufelsküche unter dem Fahnenstein.

Kammwanderung zum Krüllbrinkturm

Ab der Adam-und-Eva-Pfadkreuzung weist der Kamm bis zum Turm auf dem Krüllbrink, dem höchsten Ithkopf, die Route. Es ist ein anmutiger Wurzel-, Fels- und Waldpfad auf dem in gewaltigen Felsbastionen nach Westen bis zu lotrecht abstürzenden und nach Osten recht sanft abdachenden Kamm. Die Sieckelbank, die schon kurz hinter Adam und Eva zur Rast lädt,

bietet einen exzellenten Westblick über die Börde hinweg, die von den bewaldeten Rücken von Hasselburg und Schecken durchbrochen wird; zwischen den Bergen zeigt sich die Weser, rechts vom Schecken die Rattenfängerstadt Hameln, und jenseits des Hameltals erhebt sich der Süntel.

Auch nach Verlassen des Naturwald-Schutzgebiets begleiten uns die imposanten Klippen, dann schlendern wir auf dem Kammpfad zum Krüllbrinkturm hinauf, wobei die Klippen oberhalb von Bisperode im Buchenhochwald noch einmal wuchtige Akzente setzen. Nach der faszinierenden Klippenwanderung mutet es wie eine andere Welt an, nun über eine Wendeltreppe zu wandeln und von einem steinernen Aussichtsturm über Land zu schauen. Der Turm steht auf einer feinen Aussichtsklippe, aber die Sicht war den Erbauern des Turms wohl zu wenig.

Zurück zu Adam und Eva: An den beiden Felstürmen vorbei steigt der mit den Schutzgebietspflöcken markierte Pfad in Serpentinen durch die felsendurchsetzte Bergflanke und mündet schließlich auf ein Weglein, das zum Ausgangspunkt führt.

Der Aufstieg zum Fahnenstein beginnt mit einem bequemen Forstweg in artenreichem Laubwald.

26

Vom Hilligen Born zum Pyrmonter Berg

Ausgangsort: Das niedersächsische Staatsbad Bad Pyrmont wird – aus der Sicht von ruhebedürftigen Kurgästen und die Ruhe genießenden Wanderern ein unschätzbarer Vorteil – nicht von einer Bundesstraße durchfahren, ist jedoch von der B1 Paderborn – Hameln aus sowie aus dem Wesertal rasch erreichbar.
Ausgangspunkt: Kurpark in Bad Pyrmont (100 m) bei Schloß und Spielbank.
Wegverlauf: Kurpark – Bergkurpark – Langer Grund – Schellenberg (312 m) – Sennhütte – Bomberg/Spelunkenturm – Bergkurpark – Kurpark.
Wegcharakter: Durchweg Promenaden und gepflegte Waldwege.
Weglänge: 12 km Rundwanderung.
Anstiege: 350 Hm.
Gehzeit: 4 Stunden.
Markierungen: x sowie Ausschilderung.
Einkehrmöglichkeiten: Langer Grund (3 km), Sennhütte (9 km).

Goethe, Herder und Klopstock, der alte Fritz, Königin Luise, Zar Peter der Große, der Große Kurfürst Friedrich Wilhelm von Brandenburg – die Liste der prominenten Besucher, die zum Hilligen Born am Fuß des Pierremont, des Petrusbergs, strömten, ließe sich nahezu endlos erweitern. Bis heute ist die Anziehungskraft des Hilligen Born ungebrochen, auch für Wanderer, denn das niedersächsische Staatsbad Bad Pyrmont besitzt einen der schönsten deutschen Landschaftsparks: Kein winziger, adretter Kurpark, sondern eine durch Gartenarchitekten über Jahrhunderte hinweg gestaltete, weitläufige Anlage mit wertvollem Baumbestand, die sich aus dem Emmertalkessel, in dem Bad Pyrmont liegt, zum Pyrmonter Berg hinaufzieht. Nach der erlebnisreichen „Parkwanderung" auf den Spuren von Genies, Glittermonarchen und Glücksrittern beginnt auf dem Pyrmonter Berg die ruhige Waldwanderung zur alten Burgruine auf dem Schellenberg, ehe die Sennhütte zur Rast lädt und man vom Spelunkenturm übers weite Land schauen kann.
Der Hauptwanderweg x durchzieht die Kurparkanlagen auf dem Berg, aber auch wer die Markierung nicht sogleich findet, wird sich nicht verlaufen: Es geht im Park immer sacht aufwärts in Richtung Berg. Startpunkt ist der ausgeschilderte Kurpark.

Der Hillige Born

Bei der Wanderung durch den Kurpark mit seinen wundervollen Baumbeständen muß man sich vergegenwärtigen, daß es Spielbank, Schloß, Brandenburger Tor, die gesamten Baulichkeiten vor wenigen Jahrhunderten noch nicht gab. Es gab nur die Quelle, den Hilligen Born auf dem Hilligen Anger. Aber auch ohne Kurbetrieb kamen schon in vorgeschichtlicher Zeit die Menschen und nutzten Wasser und Quellgase zur Heilung von vielerlei Beschwerden: Herz- und Gefäßkrankheiten, Nervenschwäche, Blutarmut, Gicht, Rheuma, Frauenleiden, Magen-, Darm-, Leber- und Gallenleiden und viele mehr. Römische

Silberdenare wurden gefunden, mehr als 200 germanische Fibeln, auch eine bronzene Schöpfkelle gallischer Herkunft. Diese Quellopferfunde sind 2100 bis 1800 Jahre alt.
Der westfälische Chronist Heinrich von Herford erwähnt die heilenden Quellen auf dem Gelände des heutigen Kurparks erstmals um 1350 lateinisch als „fons sacer“ (heilige Quelle) und „fons bulliens“ (brodelnde Quelle). Berühmt wurden die Quellen im 16. Jahrhundert als „Wunderbrunnen“. Erst im 17. Jahrhundert wurde das heutige Bad gegründet: Fürst Georg Friedrich von Waldeck und Pyrmont ließ 1668 über der Hauptquelle das Brunnenhaus errichten und gleichzeitig die Hauptallee und die Brunnenstraße anlegen. Mit dem großzügigen Ausbau avancierte das Bad zum mondänen Modebad mit europäischer und Weltgeltung, das Stadtrecht erhielt es 1720. Im 20. Jahrhundert wurde der Kurpark stark erweitert. Nach dem Ersten Weltkrieg erhielt Preußen die Grafschaft Pyrmont, seit 1922 ist Bad Pyrmont „Staatsbad“.

Zur Burg auf dem Petrusberg

Oberhalb des Bergkurparks trifft der Wanderweg x bei der Kurklinik am Bomberg auf ein Hangsträßchen, führt auf diesem im

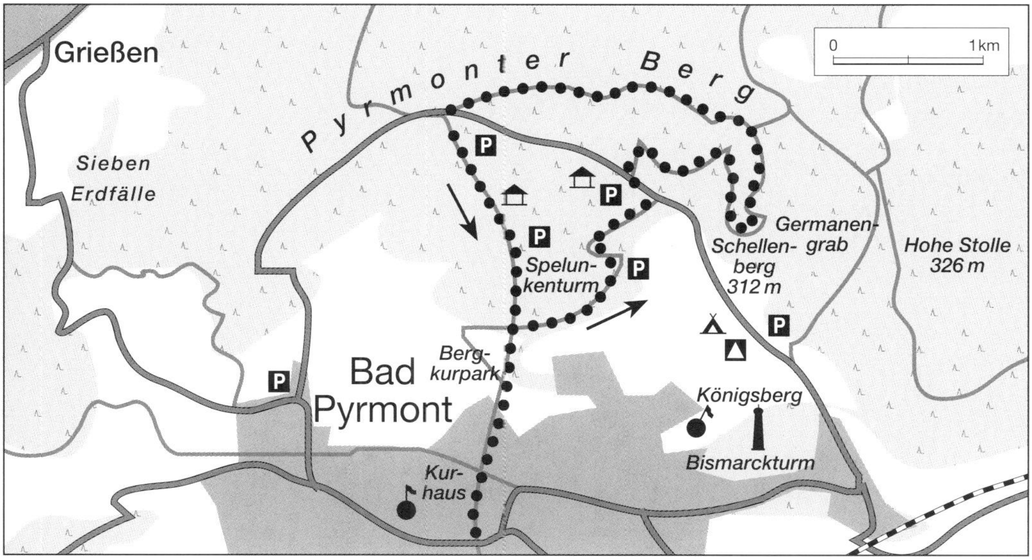

Wald nach rechts und folgt dann einem Forstlehrpfad hinab zur Ausflugsgaststätte am Eingang des Langen Grunds. Im Waldtal des Langen Grunds zieht x zuerst aufwärts, dann in den rechten Hang und erklimmt den ruinenbekrönten Schellenberg, auf dem nach der Zerschlagung des Reichs von Heinrich dem Löwen die Geschichte Bad Pyrmonts begann. Nach der Ächtung des Löwen erhielt der Kölner Erzstuhl das Herzogtum Westfalen und damit auch das spätere Bad Pyrmont. Kölner Erzbischof war damals Philipp von Heinsberg aus dem Geschlecht der Herren von Heinsberg, die linksrheinisch bis in den französischen Sprachraum hinein Besitzungen hatten. Erzbischof Philipp ließ auf dem Schellenberg eine Burg errichtet und dem Berg gab er – da im französischen Sprachraum beheimatet – den Namen: Pierremont = Petersberg; 1182 als „Pirremont" erwähnt, 1185 als „Pyerremont", heute Pyrmont.

Der Graf von Schwalenberg nahm die Burg auf Schellpyrmont zu Lehen, nach dem Aussterben der Schwalenberger (1494) kamen die Grafen von Spiegelberg in den Besitz der Burg, doch sie ließen die Burg auf dem Pyerremont verfallen und errichteten unten unweit der Heilquellen eine Wasserburg (1526–62), auf die sie den Namen der verlassenen Burg übertrugen: „Veste Pyrmont". Die Veste Pyrmont wurde im Dreißigjährigen Krieg schwer beschädigt, und die Grafen von Waldeck und Pyrmont, die ab 1625 hier herrschten, ließen ab 1706 an ihrer Stelle das heutige Schloß errichten.

Das „Germanengrab" auf dem Schellenberg wird von den Sagen mit Thusnelda, der Frau des Cheruskerführers Armin, in Verbindung gebracht; Thusnelda soll auf dem Schellenberg gewohnt haben.

Nach der Rundschau vom Turm auf dem Schellenberg zieht x auf bequemem Weg weiter, und wo x rechts abzweigt, bleiben wir ohne Markierung auf dem bequemen Waldweg, der über den Rücken des Pyrmonter Bergs zieht, ehe an einer Wegekreuzung das Schild Richtung „Sennhütte" zeigt. Von der Ausflugsgaststätte geht es weiter zum Spelunkenturm, einem Aussichtsturm, dann entweder bequem auf dem Sträßchen oder kürzer, aber in Serpentinen durch den Hang, ehe x durch die Parkanlagen zurück zum Hilligen Born führt.

Gegenüberliegende Seite: Im Palmengarten des Landschafts- und Kurparks von Bad Pyrmont.

27

Ausgangsort: Die Stadt Springe im niedersächsischen Kreis Hannover liegt an der B217 Hameln – Hannover.
Ausgangspunkt: Großparkplatz am Jagdschloß (110 m); B217 Ausfahrt Springe-Saupark Richtung Saupark-Wisentgehege und bis zum Parkplatz am Jagdschloß.
Wegverlauf: Jagdschloß – Hallermuntskopf – Burgberg – Drakenberg – Schöne Buche – Jagdschloß.
Wegcharakter: Bequeme Waldwege.
Weglänge: 10 km Rundwanderung.
Anstiege: 250 Hm.
Gehzeit: 3 Stunden.
Markierungen: △ und namentliche Ausschilderung.
Einkehrmöglichkeit: Jagdschloß.

Kaiserlich: Der Saupark an der Deisterpforte

Mit dem einstigen Jagdschloß der Könige von Hannover bzw. der deutschen Kaiser – es beherbergt heute unter anderem ein Jagdmuseum –, dem Wisentgehege und dem Naturschutzgebiet Saupark mit bequemen Wegen und naturnahen Wäldern zählt die „Erholungslandschaft Kleiner Deister" zu den vielbesuchten Familienausflugszielen im Weserbergland. Die Wanderung führt vom Jagdschloß durch das ehemals kaiserliche Jagdrevier. Das Wisentgehege ist vom Naturschutzgebiet abgetrennt; dort haben Wisente eine naturnahe Heimat gefunden, aber auch viele andere Tierarten, die einst durch die Wälder Germaniens streiften und seit der industriellen Revolution nahezu ausgerottet wurden – vom mächtigen Elch bis zum kurzbeinigen Dachs.

Der Saupark am Hallermunt

Vom Jagdschloß leitet die △-Markierung bequem durch die Wälder, am Hallermuntskopf vorbei auf den steil abfallenden Burgberg und über den Kamm zum Drakenberg. Dort spazieren wir an der Wegespinne Schöne Buche und der Schutzhütte vorbei zurück zum Ausgangspunkt, Verlaufen unmöglich.

Der von den Quellbächen der Haller umflossener Hallermuntskopf erhebt sich unterhalb des in Sonnenaufgangsrichtung steil abfallenden Burgbergs (auf dem nie eine Ritterburg stand). In vorgeschichtlicher Zeit umschloß seinen Gipfel eine Ringwallanlage. Nach der Christianisierung saßen auf einer Burg unterm Hallermuntskopf die Grafen von Hallermunt; sie waren Lehnsträger der Bischöfe von Minden, hatten aber auch Eigenbesitz unterhalb der Deisterpforte auf dem Gebiet der nachmaligen Stadt Springe. Die Deisterpforte trennt den Deister und den Kleinen Deister/Osterwald und ist bis heute einer der wichtigsten Pässe zwischen Wesertal und Leinegraben (B217 und Eisenbahn Hameln–Hannover). Damals, im 9./10. Jahrhundert, war Springe eine Rodungssiedlung der Grafen von Hallermunt;

sie hieß bis ins 18. Jahrhundert noch Hallerspringe. Als die Welfen im 13. Jahrhundert die Hallermunter aus der Burg vertrieben, siedelten die Grafen ins Dorf hinab, bauten sich auf ihrem Eigenbesitz ein Haus (an der Stelle des heutigen Rathauses) und ließen das Dorf befestigen. 1436 starb der letzte Hallermunter, Landesherren waren nunmehr die Welfen.
Berühmt wurde Hallerspringe durch den Saupark, den wir durchwandern. In den Wäldern auf dem Kleinen Deister/Osterwald jagten die hochwohlgeborenen Welfen, hielten sich Wild, um ihrer Jagdleidenschaft zu frönen, und lachten über die niedriggeborenen Bürger, die über Wildschäden klagten. Es kam zum Prozeß: 1825 verurteilte ein Gericht König Georg IV. von Großbritannien und Hannover, dafür Sorge zu tragen, daß das Wild keine Schäden außerhalb des königlichen Jagdbezirks mehr anrichte. Von 1836 bis 1839 wurde daraufhin dieser Be-

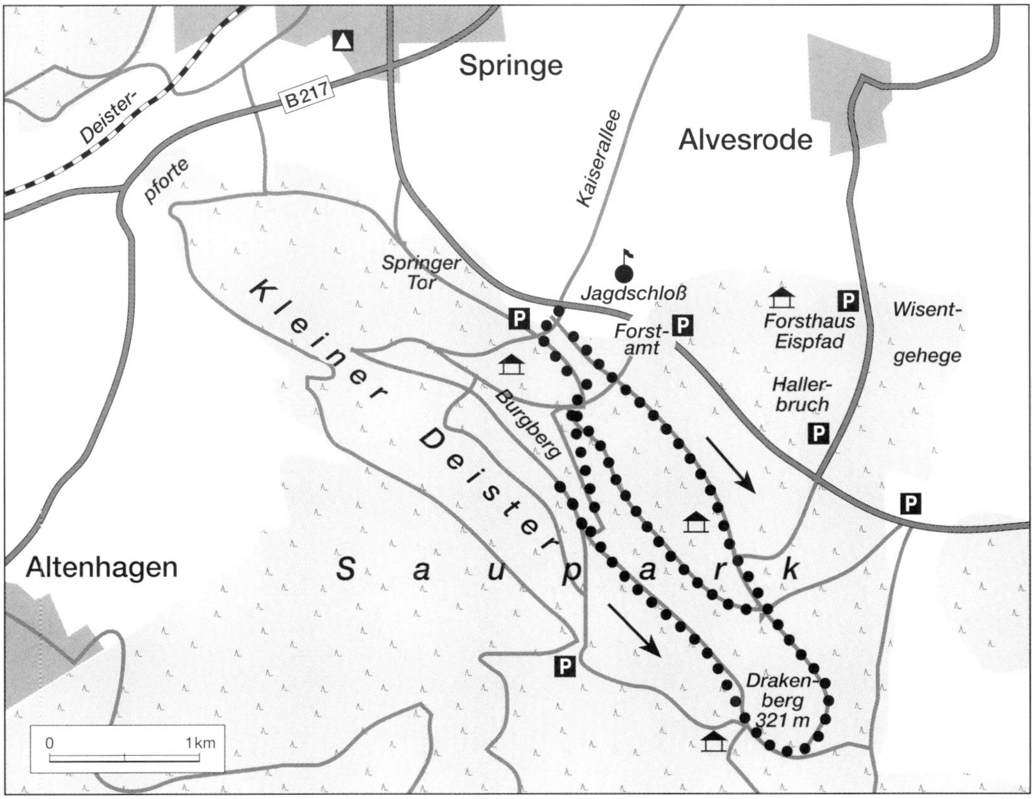

Der ehemals kaiserliche Jagdschloß Wildpuch an der Deisterpforte ist heute ein beliebtes Familienausflugsziel.

zirk mit einer Bruchsteinmauer umgeben; etwa gleichzeitig entstand das königliche Jagdschloß, das im Jahr 1842 König Ernst August von Hannover übergeben wurde. Georg V., der letzte König von Hannover, ließ1858 die sogenannte Kaiserallee anlegen: Eine von Nordnordosten geradlinig auf das Jagdschloß zulaufende Straße, die 1862 mit Kastanien bepflanzt wurden. Die Hofjagden im „Saupark" endeten auch nicht, als 1866 das Königreich Hannover von Preußen annektiert wurde: Schloß und Park gingen an die preußische Krone über, einer der eifrigsten Jäger war Kaiser Wilhelm II.
Heute ist der Saupark allen Menschen zugänglich, und da hier nie profitorientierte Waldwirtschaft betrieben wurde, läßt sich in diesen naturnahen Wäldern viel Wild beobachten.

Durchs Blutbachtal zum Hohenstein im Süntel

28

Das unter Naturschutz stehende Gebiet um den Hohenstein im Süntel mit dem tief eingeschnittenen Blutbachtal, der hervorragenden Aussicht von der Teufelskanzel, den mächtigen Klippen im Kammbereich und den prachtvollen Buchenhochwäldern auf den Steilhängen zählt zum Erhabensten und nachhaltig Beeindruckendsten, was sich auf Wanderungen im Weserbergland erleben läßt. Während der Wanderung begegnen uns mehrere Informationstafeln, die auf die historische Bedeutung des Gebiets aufmerksam machen.

Die Wanderung beginnt früh am Morgen. Dann fällt Sonnenlicht ins nach Osten geöffnete Blutbachtal, und es ist noch still hier. Später belebt sich der Wanderparkplatz recht rasch, auf Tische und Bänke werden Picknickkörbe gezaubert, Jung und Alt waten im Storchenschritt durch die Kneippanlage im Blutbach: Der Hohenstein ist ein vielbesuchtes Ausflugsziel.

Die Schlacht im Süntel

Neben dem munter dahinblitzenden, ungebändigten Blutbach zieht der bequeme Asphaltweg im waldreichen Totental sacht aufwärts. Am Weg steht ein über 400 Jahre alter Kreuzstein: Er erinnert an einen Bediensteten des Grafen von Schaumburg, den reisigen Knecht Hans Ridder, der hier im Wintermonat des Jahres 1584 von einem wilden Schwein getötet wurde.

Wer hier frühmorgens wandert und die Inschrift auf dem Kreuzstein zu entziffern versucht, wird vielleicht unwillkürlich in die Wälder lauschen, ob dort nicht irgendein großes Tier raschelt, wird vielleicht auch in den Blutbach schauen, neugierig, welche Farbe das Wasser eines Bachs mit solchem Namen hat: Es ist heute ganz normales Wasser. Blutig war es, als im Jahr 782 ein Invasionsheer des Frankenkönigs Karl zum Tingplatz der Sachsen auf dem Hohenstein vorzudringen versuchte und von den Sachsen vernichtet wurde. Führer der Sachsen bei der Schlacht im Süntel war der Westfalenhäuptling Widukind.

Ausgangsort: Die Stadt Hessisch Oldendorf liegt an der B83 Hameln – Minden.

Ausgangspunkt: Wanderparkplatz Kreuzsteinquelle bei der Pappmühle nordöstlich von Hessisch Oldendorf; von Hameln auf der B83 Richtung Minden zweigt in Krückeberg, kurz vor Hessisch Oldendorf, die Straße Richtung Zersen ab; dort leiten Schilder weiter Richtung Pappmühle; wir fahren an ihr vorbei zum Wanderparkplatz am Blutbach.

Wegverlauf: Kreuzsteinquelle – Blutbachtal – Baxmann Baude – Grüne Kanzel/Hohenstein – Baxmann Baude – Kreuzsteinquelle.

Wegcharakter: Durchs Blutbachtal führt ein bequemer Promenadenweg; der anschließende Aufstieg zum Hohenstein folgt dem „Klippenweg“ (schöner Waldpfad im Steilhang); Abstieg über „Treppenweg“ (unangenehme Betontreppe) möglich.

Weglänge: 6 km hin und zurück.

Anstiege: 200 Hm.
Gehzeit: 2 Stunden.
Markierungen: Namentliche Beschilderung.
Einkehrmöglichkeiten: Baxmann Baude (saisonal), Pappmühle (Abstecher 2 Minuten vom Ausgangspunkt).

Über die Kultur der germanischen Sachsen ist nicht viel bekannt, da sie keine schriftlichen Zeugnisse hinterlassen haben oder solche Zeugnisse vernichtet wurden. Zwar sind die fränkischen Zeugnisse über die Sachsen von der Sicht der siegreichen Eroberer gefärbt, eins geht jedoch aus ihnen hervor: Die Sachsen bekämpften mit den Franken nicht nur einen militärischen Feind, einen Aggressor, sondern brachten zugleich der fränkischen Kultur und der fremden Religion eine abgrundtiefen Haß entgegen. Die Feldzüge, die Karl gegen die zahlenmäßig und militärisch weit unterlegenen Sachsen führte, endeten jeweils mit der Unterwerfung eines oder mehrerer Stämme. Diese wurden nicht nur dem Frankenreich politisch eingegliedert, sondern die Unterworfenen mußten zugleich ihre Identität aufgeben, mußten ihre seit alters verehrten Gottheiten verleugnen und mußten versprechen, fromme Christen und treue Untertanen des Frankenkönigs zu sein: Was den Sachsen heilig gewesen war, mußten sie nun als sündig betrachten; ihre weiblichen und männlichen Gottheiten mußten sie nun als Teufel bezeichnen; die Wälder, Berge und Seen erhielten neue Namen, die alten Namen zu benutzen galt als Verbrechen. Auf dem ersten Reichstag auf sächsischem Boden teilte Karl der Große 777 in Paderborn das Sachsenland in christliche Missions-

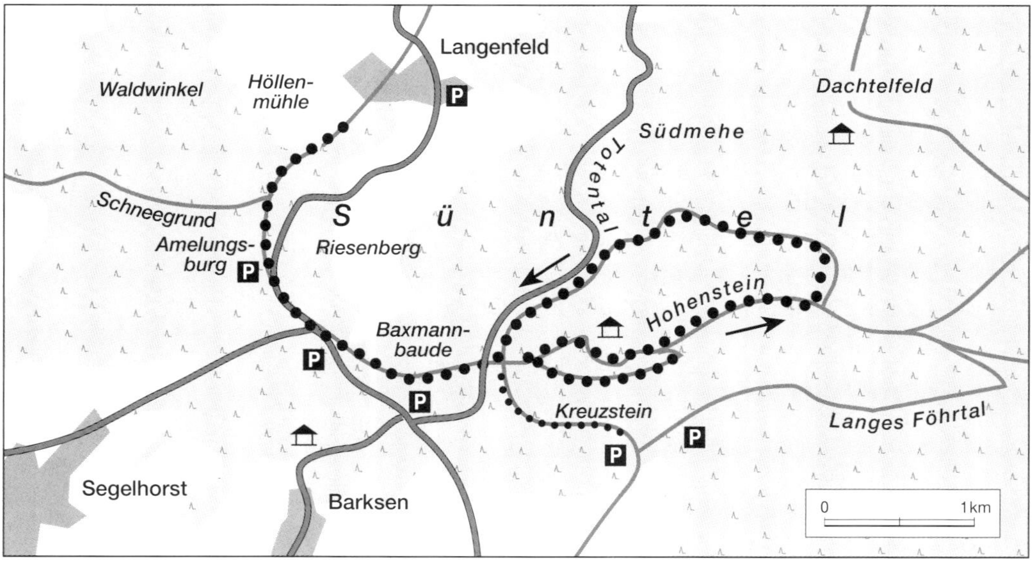

sprengel auf; die unterworfenen Sachsen mußten sich auf dem Reichstag taufen lassen und unter Verpfändung ihrer Freiheit und ihres Eigentums versprechen, am Christentum und an ihrer Ergebenheit gegenüber König Karl festzuhalten.
Viele sächsische Edelinge traten auf die Seite des Siegers, da sie als politische Gegenleistung Unterstützung beim Ausbau regionaler Machtpositionen erhielten: Karl machte sie zu „Grafen". Diese waren königliche Amtsträger und hatten in ihrem Amtsbereich die königliche Wehr-, Rechts-, Finanzhoheit usw. durchzusetzen: Es war der Beginn der Feudalherrschaft, die ehedem freien sächsischen Bauern verloren ihre Freiheiten und wurden den Adligen „hörig".
Als der Frankenkönig im Jahr 782 schließlich das ganze Sachsenland in Grafschaften einteilte, trat der Westfalenhäuptling Widukind an die Spitze der germanisch gebliebenen Sachsen. Diese rekrutierten sich zum Teil aus Edelingen, zu einem Großteil aber aus Bauern und Handwerkern, denn durch die Einführung des Christentums wurden letztere stark benachteiligt und verloren ihre bisherigen Freiheiten, während die zu fränkisch-christlichen Amtsträgern gewordenen Überläufer alle Freiheiten erhielten.
In der Schlacht im Süntel besiegten die sächsischen Freiheitskrieger 782 ein Frankenheer. Die Reaktion Karls war furchtbar: In Halsmühlen in Verden an der Aller ließ er 4500 sächsische Häuptlinge und Edelinge hinrichten – eine Zahl, die einige Forscher für noch nicht gesichert halten.
Wir spazieren nun durchs naturschöne Blutbachtal, das sich bald zu einer Wiesenidylle weitet, und dort, am Ende der Wiesen, steht die Waldschänke „Baxmann Baude". Eine Informationstafel erzählt die Sage vom Oldendorfer Ratskellerwirt Baxmann, der zur Strafe für Schmuggel, Betrug und Mord den Brunnen bei der Baude mit einem Fingerhut ausschöpfen mußte.

Die tanzende Linde auf der Grünen Kanzel.

Die Grüne Kanzel auf dem Hohenstein

Von der Baude führt ein Weg am Bach entlang durchs Totental zur Blutbachquelle; ein anderer führt hinüber zu den Resten der mit einem Ringwall umgebenen Amelungsburg und höllenbachaufwärts zum Langenfelder Wasserfall; das sind feine Ausflüge, die die Wanderung ergänzen. Das herausragende Wanderziel aber ist der Hohenstein, und dort hinauf gehen wir nun: Der Weg, markiert mit rotem und grünem Strich, sieht steil aus. Wer solche Anstiege nicht liebt, kann auch dem Wirtschaftsweg folgen (rechts, gleich wieder links und weiter in Serpentinen). Dieser bequeme Wirtschaftsweg ist in jedem Fall dem mit dem roten Strich markierten „Treppenweg“ vorzuziehen, der eine geradezu barbarische Aufstiegsvariante darstellt: In den schönen Wald wurden Betontreppen hineingebaut, aber die sind mangels sicheren Fundaments teils eingesunken, außerdem laubbedeckt, rutschig und gefährlich.

Der schönste Aufstieg ist der mit dem grünen Strich, der sogenannte „Klippenweg“. Anfangs laufen der rot und der grün markierte Weg noch parallel, neben den unsinnigen, gefährlichen Betontreppen haben sich breite Trampelpfade herausgebildet, dann zweigt der „Treppenweg“ links ab, während der grün markierte in der Fallinie aufwärts strebt. Auf dem ersten Absatz – hier kurvt der bequeme Wirtschaftsweg wieder heran – bietet sich ein beachtlicher Tiefblick in den von Buchenhochwald geschmückten Steilhang. Auf dem Absatz wechselt die grüne Markierung auf einen Pfad im Steilhang und zieht dann unterhalb der mächtigen Klippen, die auf dem Schichtkamm anstehen, dahin. Klippenseitig läuft ein Zaun, damit niemand den Felsen zu nahe kommt und sich verletzt. Wenn der Zaun endet und man dann vielleicht doch zu den phantastischen Felsburgen hinaufsteigt, findet man eine Totenplakette, diesmal in Erinnerung an Kletterer, die gern in diesen Felsen herumstiegen, aber von einem Ausflug in die Anden nie zurückgekehrt sind; über zwanzig Jahre ist es her. Wenig später kommt von links oben der zum Süntel-Aussichtsturm weiterführende Hauptwanderweg xw (Weserwanderweg) herunter, und dem folgen wir hinauf zum Hohenstein.

Im Buchenhochwald auf dem Klippenweg unterhalb des Hohensteins.

Der xw-Pfad erreicht den Hohenstein an der Teufelskanzel, die auch Grüne Kanzel heißt: eine lotrecht abstürzende Felskanzel (geländergesichert) mit phantastischem Blick über das weite Land (Südblick, Sonnenbad). Eine Informationstafel erzählt von der Bedeutung des Hohensteins in Sächsischer Zeit.

Von der Schutzhütte bei der Grünen Kanzel zieht der Weg über den Hohenstein, einer Art Dachfirst, südseitig in lotrechten Klip-

Der sogenannte Klippenweg verläuft unterhalb der südseitigen Felsabstürze des Hohensteins.

pen abstürzend, zwischen den Bäumen immer wieder hervorragende Aussicht bietend. Diese kurze Firstwanderung endet an einer Freifläche mit Bänken und einer großen, tischähnlichen Sandsteinplatte, auf der das Panorama mit den markanten Punkten im Blickfeld eingeritzt ist. Bei der Aussichtsstelle findet sich ein Hügelgrab aus der älteren Bronzezeit.
Beim Hügelgrab wechselt die rote Markierung auf den „Treppenweg" und zieht zurück zur Baxmann Baude, aber es ist, wie gesagt, empfehlenswerter, auf dem Wirtschaftsweg zu gehen und die gefährlichen Betontreppen nicht zu benutzen.

29

Von der Schaumburg zu den Hexenteichen

Ausgangsort: Ort und Burg Schaumburg über der Weser östlich der Stadt Rinteln bzw. nordwestlich der Stadt Hessisch Oldendorf sind an der B83 Hameln – Minden ausgeschildert.
Ausgangspunkt: Großparkplatz (200 m) vor der Schaumburg in Schaumburg.
Wegverlauf: Schaumburg – Hexenteiche – (Rohdental) – Möncheberg – Paschenburg – Pionierpaß – Deckberger Paß – Springsteine – Schaumburg.
Wegcharakter: Die Hangwege sind gepflegte Waldwege; die Kammwege verschmälern sich gelegentlich zu Pfaden.
Weglänge: 12 km Rundwanderung.
Anstiege: 250 Hm.
Gehzeit: 3–4 Stunden.
Markierungen: Beschilderungen.
Einkehrmöglichkeiten: Schaumburg, Paschenburg.

Zwischen Hessisch Oldendorf und Rinteln thront rechts des Flusses hoch oben auf einer Kuppe des Wesergebirges die sehenswerte Schaumburg. Dieses vielbesuchte Ausflugsziel ist Ausgangspunkt einer bequemen Waldwanderung, die die Südhänge und einen Teil des Wesergebirgskamms erschließt und an der Paschenburg hervorragende Aussicht bietet.

Die Schaumburg

Die Schaumburg ist der 1110 erstmals erwähnte Stammsitz der Grafen von Schaumburg; heute befindet sie sich im Besitz der Fürsten von Schaumburg-Lippe. Der ursprüngliche Name der Burg lautete „Schauenburg“, denn von der Anhöhe läßt sich weit übers Weserbergland schauen.
Die Burganlage – die Besichtigung ist empfehlenswert – besteht aus der Hauptburg auf der Bergkuppe und der sie umgebenden Vorburg mit Mauergürtel. In der Vorburganlage sind drei der vier mittelalterlichen Türme (alle 14. Jahrhundert) erhalten: der Torturm, der Glockenturm und der aus dem ehemaligen Bergfried hervorgegangene „dicke“ Georgsturm, der im 17. Jahrhundert erneuert und 1908 erhöht wurde. Der Zugang vom Großparkplatz erfolgt durch durch den Tor- bzw. Archivturm (um 1390) mit spitzbogiger Durchfahrt. An ihn schließt sich im Mauergürtel der Vorburg die ehemalige Drostenwohnung an, ein 1613 datierter Fachwerkbau (1909 stark erneuert). Die Hauptburg wird dominiert vom zweigeschossigen Palas, einem Renaissancebau des 16. Jahrhunderts; 1907–13 wurde er historisierend erneuert.

Das Hexenbad

Zwischen Torturm und Burggaststätte steht eine uralte Gerichtslinde: Hier war der alte Tingplatz, hier war später die Richtstätte der Schaumburger Grafen, hier wurden zur Zeit der

Hexenverfolgungen Unschuldige zum Tod verurteilt. Der Überlieferung nach wurde die jetzige Linde um 1400 von einer jungen Frau gepflanzt, die in einem Hexenprozeß der Buhlschaft mit dem Teufel für schuldig befunden und zum Tod verurteilt worden war: So wahr diese Linde wachsen und blühen wird, so wahr bin ich unschuldig, soll die junge Frau gesagt haben, ehe die Henker sie an den Pfahl banden und den Scheiterhaufen entzündeten.
Wie aber war das Gericht zu dem Urteil gekommen, daß die junge Frau – und mit ihr Hunderte weiterer Frauen – eine „Hexe" war? Da gab es aus der Sicht der Richter ein untrügliches Mittel, um dieses herauszufinden. Vor Verurteilung und Verbrennung wurde die mutmaßliche Hexe nämlich geprüft. Der Weg zum Ort der Prüfung geht gleich bei der Gaststätte am Großparkplatz ab, er ist ausgeschildert „Wanderweg Hexenteiche 1 Kilometer". In Begleitung kundiger Priester schleppten die Schergen die junge Frau zu den Teichen. Heute ist das ein bequemer Weg in schönem Buchenhochwald; viele Ausflügler gehen hier spazieren; auch viele Sitzbänke stehen am Wegrand. Daß das früher anders war, ist wenig später zu erleben, wenn ein Schild rechts hinab zu den Hexenteichen weist: Ein Pfad führt hinab in eine Mulde, in der sich Wasser sammelt. Die Bezeichnung „Teich" läßt darauf schließen, daß das Wasser künstlich gestaut wurde. Heute ist nicht viel mehr als eine modernde, große Lache zu erkennen, früher wurden darin die „Hexen" gebadet. Das Hexenbad, auch Wasserprobe genannt, war das Mittel, um herauszufinden, ob die Verleumdete eine Hexe war oder nicht. Die entblößte Frau wurde kreuzweise gefesselt und mit einem Strick um den Leib aufs Wasser gelegt.

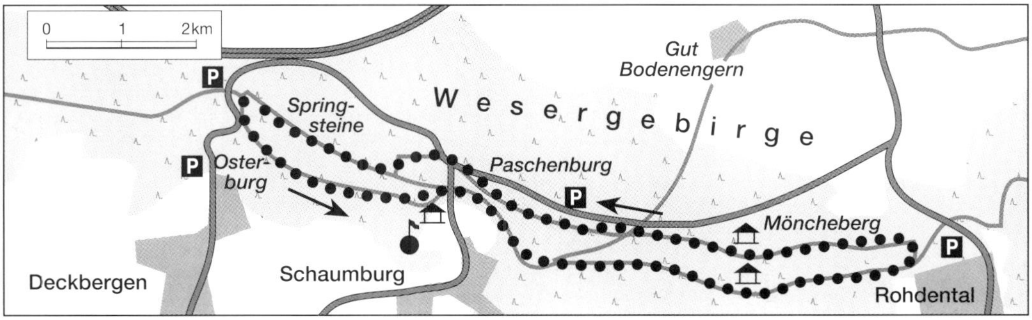

Schwamm sie auf der Wasseroberfläche, so war sie als Hexe überführt, konnte zum Tod verurteilt und verbrannt werden. Ging sie aber unter, so war sie unschuldig und ertrank.

Die sagenumwobene Paschenburg

Vom Hexenbadeteich geht es wieder hinauf zum Hangweg, der bequem durch die Laubwälder zieht, an einer winzigen Schutzhütte vorbei. Wo er bei Tischen und Bänken auf die ersten Häuser von Rohdental stößt, kreuzt der Weserwanderweg mit der Markierung xw. Er zieht auf einem Pfad aufwärts, wechselt kurz auf einen Hangweg und erklimmt dann in Serpentinen den Kamm. Der Aufstieg ist die einzige Passage, an der man auf dieser Wanderung vielleicht ein wenig ins Schnaufen kommt, dafür dauert's nur kurz, und oben wartet eine Sitzbank. Auf dem von vielfältigem Laubwald bedeckten Kamm zieht das Waldweglein mit xw westwärts, überschreitet den Möncheberg, auf dem eine winzige Schutzhütte steht, und senkt sich zur Paschenburg

Unterhalb der Paschenburg-Gaststätte auf dem Kamm des Wesergebirges steht der Torturm der Schaumburg.

direkt oberhalb der Schaumburg. Hier erwartet uns eine herrliche Aussicht aufs Wesertal und die es begleitenden Höhenzüge und Kuppen.
Der Name Paschenburg rührt von alten Sagen her. Paschenburg nennen die Sagen den Felsen, „der über der Schaumburg hangt und in dem die Höhle ist, das Wichtel- oder Meumke-Loch“. Einer der letzten Grafen von Schaumburg ging fast täglich aus, aber seine Frau konnte lange zeit nicht erfahren wohin. Endlich gelang es ihr, seiner Spur zu folgen, und mit Schaudern trat sie in die Höhle in der Paschenburg: Dort schlief der Graf in den Armen eines Wichtelweibchens. Die Gräfin schnitt der schönen Meumke eine der langen Haarflechten im Nacken ab und ging unbemerkt nach Haus. Dort zeigte sie dem Grafen die Flechte, und er versprach ihr mit einem harten Eid, nie mehr zur Meumke Tienke zu gehen. Da aber kamen Stimmen zur Burg und forderten die geraubte Haarflechte zurück. Der Graf ließ die Flechte zur Höhle bringen, aber die Stimmen tönten fort und verlangten, der Graf selbst solle die Flechte bringen, doch er gehorchte nicht. Schließlich schrie eine Stimme am hellichten Mittag, der Graf solle zur Höhle gehen, sonst würde sein Land an fremde Erben fallen. Der Graf gehorchte nicht, und sein Land fiel an fremde Erben, an Hessen, an Lippe und an Hannover.
Von der Paschenburg senkt sich der Kammweg zur Schutzhütte am Pionierpaß hinab; dort geht es mit xw auf der Straße links hinab vorbei an der Abzweigung des Wanderweges „Füßlein's-Ruh“, bis xw nach wenigen Metern rechts auf einen Steig wechselt und wieder den Kamm erklimmt. Auf dem Kammabschnitt zwischen Pionier- und Deckberger Paß stehen einige kleinere Felsen an, dann ist auch schon der Deckberger Paß (Schutzhüttenrondell) erreicht, und hier zweigt am Parkplatz links der „Südweg“ Richtung Schaumburg ab: Wie der Hexenteichweg ein ruhiger, bequemer Hangweg in naturschöner Umgebung durch hohen Buchenwald, am Wegrand stehen Bänke. Wenige Meter nach dem Paß kommt der Weg am Naturdenkmal „Springende Steine“ vorbei; im Volksmund heißt der gesamte Berg hier Springstein; bei den sagenumwobenen Springsteinen ist auch der Abstecher zur Osterburg ausgeschildert, einer alten Ringwallanlage.

Wie bei vielen anderen „Steinen“ im Weserbergland ranken sich auch um die Springsteine zahlreiche Sagen.

30

Die Wittekindsburg über der Porta Westfalica

Ausgangsort: Die Ortsteile Hausberge und Barkhausen der 1973 neugebildeten Stadt Porta Westfalica im Kreis Minden-Lübbecke sind über die A2 Bielefeld – Hannover Ausfahrt Porta Westfalica – Veltheim zu erreichen.
Ausgangspunkt: Großparkplatz (190 m) an der Denkmalsgaststätte beim Kaiser-Wilhelm-Denkmal; das Kaiser-Wilhelm-Denkmal ist an der B482 in Porta Westfalica (Westfälische Pforte) weiträumig ausgeschildert.
Wegverlauf: Denkmalsgaststätte – Kaiser-Wilhelm-Denkmal – Moltketurm – Wittekindsburg – Margarethenkluse/Wittekindsquelle – Habichtswand – Wilder Schmied – Wittekindsburg – Wolfsschluchtweg – Kaiser-Wilhelm-Denkmal – Denkmalsgaststätte.
Wegcharakter: Überwiegend Waldpfade, schöner Kammpfad.
Weglänge: 10 km.
Anstiege: 200 Hm.
Gehzeit: 2 Stunden.

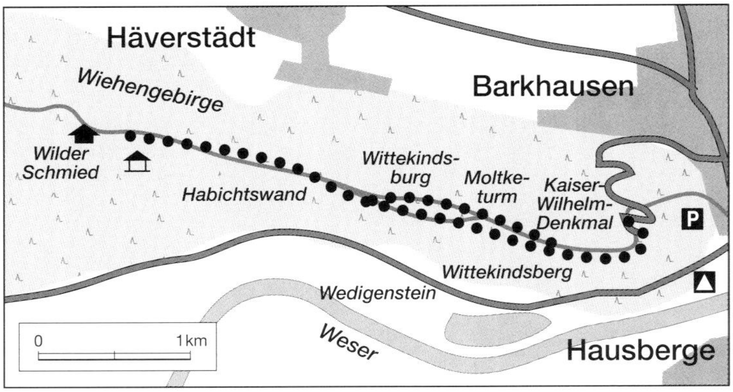

Diese letzte Wanderung im Weserbergland erschließt bequem die steil zum Weserdurchbruch, der Westfälischen Pforte, abfallende Ostpartie des Wiehengebirges. Die Westfälische Pforte trennt Weser- und Wiehengebirge und ist seit alters eine wichtige Verkehrsleitlinie.

Wilhelm der Große

Vom Andenkenkiosk beim Großparkplatz, wo die Stichstraße endet, zieht die asphaltierte Promenade zum wuchtigen Kaiser-Wilhelm-Denkmal (1892–96) auf dem „Westpfeiler“ der Porta Westfalica. Das 88 Meter hohe, nachts illuminierte Denkmal aus Portasandstein ist Ausdruck jener Zeit, als sich das preußisch-deutsche Kaiserreich als Weltmacht verstand und überall im Land gigantische Denkmäler errichtet wurden. 833 000 Goldmark mußten die steuerzahlenden Bürger der preußischen Provinz Westfalen für das Denkmal für Wilhelm den Großen berappen; die Entscheidung für den Bau fiel durch Landtagsbeschluß. Als Architekt wurde Bruno Schmitz gewonnen, der auch für andere bekannte Kaiser-Wilhelm-Denkmäler dieser Zeit verantwortlich zeichnete (Kyffhäuser, Deutsches Eck in Koblenz; außerdem Völkerschlachtdenkmal in Leipzig). Der deutsch-

österreichische Bildhauer Kaspar von Zumbusch lieferte die Pläne für das in Erz gegossene Standbild des Kaisers in Imperatorenpose.
Die Aussicht vom Denkmal wird immer wieder als großartig gerühmt: Der Blick des sieben Meter großen Kaisers fällt über die Westfälische Pforte hinweg aufs Wesergebirge und begegnet dort auf dem „Ostpfeiler" der Porta einem gigantischen Fernsehturm; im portaseitigen Absturz des Ostpfeilers erblickt der alte Kaiser mehrere Steinbrüche, während im Tal die Autobrücke über die Weser den landschaftsprägenden Akzent setzt.

Markierungen: A3/4, A2 und weiß-rot sowie namentliche Ausschilderung.
Einkehrmöglichkeiten: Denkmalsgaststätte, Wittekindsburg (2 km), Wilder Schmied (5 km).

Das Kaiser-Wilhelm-Denkmal über der Porta Westfalica.

Zum Moltke-Aussichtsturm

Hinter dem Kaiser-Wilhelm-Denkmal, und zwar auf der Seite der Gaststätte an der oberen Plattform, zieht der Kammweg A3/4 im Laubwald aufwärts und erreicht nach wenigen Minuten die Schutzhütte „Silberblick" mit Aussicht auf das silberne Band der Weser mehr als 200 Höhenmeter weiter unten am Südfuß des Wiehengebirges. Gemächlich zieht das Weglein über den Schichtkamm, auf dem weserseitig kleinere, aber durchaus absturzgefährdete Klippen anstehen; sie bieten einen erhabenen Blick durch die von prachtvollem Buchenhochwald geschmückte Flanke.
Nächster markanter Punkt ist der Moltketurm, ein einem mittelalterlichen Bergfried nachempfundener, 20 Meter hoher Aussichtsturm mit Wendeltreppe zur Aussichtsplattform. Er wurde 1829 als trigonometrischer Punkt „Wittekindstein" errichtet. 1906 gab die Gemeinde Barkhausen bekannt, daß er von nun an Moltketurm heißen solle zu Ehren des preußischen Generalfeldmarschalls und Militärstrategen Helmuth Graf von Moltke.

Wittekindsburg – Margarethenkapelle

Vom Aussichtsturm senkt sich das Kammweglein in einen Sattel und erreicht dann das architektonisch feinfühlig der Landschaft angepaßte Berghotel „Wittekindsburg" mit sonniger Aussichtsterrasse und der Wittekindsquelle.
Die eigentliche Wittekindsburg, die das Kammweglein nun durchzieht, ist eine 650 Meter lange und 110 Meter breite Ring-

Gegenüberliegende Seite: Auf dem Wiehengebirgskamm lädt die Gaststätte „Wittekindsburg“ zur Rast.

wallanlage auf dem Rücken des Wiehengebirges; während nordseitig durchgehend Wälle errichtet wurden, dienten auf der Weserseite die beachtlichen Felsabstürze als natürliches Festungswerk; archäologische Grabungen sind im Gang. Errichtet wurde die Wallanlage von Sachsen in karolingischer Zeit, vielleicht während des Freiheitskriegs, den der Westfalenhäuptling Widukind ab 782 gegen den Frankenkönig Karl führte.
Neben der Quelle steht eine romanische Kirche, die Margarethenklus. Der rechteckige zweijochige Quaderbau erinnert an ein 993 privilegiertes, doch schon um 1000 nach Minden verlegtes Benediktinerinnenkloster.

Der Wolfsschluchtweg

Vom Berghotel „Wittekindshof“ zieht der Kammweg weiter westwärts, schlecht markiert, so daß wahrscheinlich jeder, der hier zum ersten Mal geht, plötzlich an der Abbruchkante eines aufgelassenen Steinbruchs steht. Hier halten wir uns links und folgen dann der weserseitigen Abbruchkante – beachtlich die Habichtswandfelsen – zur Ausflugsgaststätte „Wilde Schmiede“. Von hier geht es zurück zum Berghotel „Wittekindsburg“, wobei es interessanter ist, immer exakt über den Kamm zu laufen (Pfad).
Im Sattel zwischen „Wittekindsburg“ und Moltketurm zweigt der mit A2 markierte Wolfsschlucht- bzw. Dreimännerweg in das Naturschutzgebiet in der weserseitigen Flanke ab. Dies ist ein prachtvolles Finale der Wanderung: Unter mächtigen Buchen, neben kleineren Klippen und zwischen üppigem Buschwerk quert der Pfad die Flanke, kommt an den ehemaligen Denkmalssteinbrüchen vorbei („Höhlen“), bietet einige feine Tiefblicke und erreicht wieder das Kaiser-Wilhelm-Denkmal.

Kleiner Reiseführer: Eine Auswahl von Orten im Weserbergland von A–Z

Alfeld

An der Leinefurt am Fuß der Sieben Berge und des Sackwalds liegt im niedersächsischen Kreis Hildesheim die Stadt Alfeld (100 Meter, 24 000 Einwohner), der Vorort des Leinebergslands, besiedelt seit der keltischen La-Tène-Zeit, in sächsischer Zeit Tingstatt und Friestatt, als „Alevellon" im 11. Jh. erstmals erwähnt, Stadt „Alvelde" um 1250.
Sehenswürdigkeiten: Gilden, Bäuerschaften, Kaufleute und Patrizier prägten die Blütezeit der Stadt (Mitglied der Hanse), bis heute faßbar in zahlreichen Bauten aus dem 15. bis 17. Jh., darunter dem stolzen Gildehaus der Lederhandwerker, heute Bürgerschänke (1554–56). Die Doppelturmfassade der dreischiffigen Hallenkirche St. Nicolai (15./16. Jh.) prägt das historische Ortsbild. Durch Aufstockung eines gotischen Vorgängerbaus entstand in reichen Renaissanceformen das Rathaus (1584–86). Heute dominieren Bauten des 20. Jh.; am [welt-]bekanntesten das Gebäude der Fagus-Werke (1911–18) von Walter Gropius, das mit seinem Curtain-Wall-Skelett aus Stein und Glas als Pionierbau moderner Industriearchitektur gilt.
Museum: Das Alte Seminar, die ehemalige Lateinschule, ein Fachwerkbau von 1610, beherbergt das Heimatmuseum.
Wandern: Alfeld liegt im Herzen des Leinebergslands, eines abwechslungsreichen, geschichtsträchtigen, naturschönen und vielfach höchst spannenden Wandergebiets. Wanderung 20 führt rechts der Leine von den Apenteichen über den Sackwald; links des Flusses geht das Leinebergland ins Weserbergland über, wobei die Grenze aus touristischer Sicht stark fließend gezogen wird: Selter (Wanderung 18), Hils (Wanderung 19), Duinger Wald (Wanderung 21), Thüster Berg (Wanderung 22) und Ith (Wanderungen 23–25) liegen in unmittelbarer Nähe von Alfeld.
Auskunft: Verkehrsverein Leinebergland, Ständehausstraße 1, 31061 Alfeld (Leine).

Bad Karlshafen

Wo die Diemel in die Weser mündet, liegt am Nordwestfuß des Reinhardswalds im hessischen Kreis Kassel die barocke Sole- und Hafenstadt Bad Karlshafen (111 Meter, 4300 Einwohner), die nördlichste Stadt Hessens. Bis Ende des 17. Jh. gab es hier nichts als Sümpfe. Um die Zoll- und Stapelgebühren im hannoverschen Münden zu umgehen, plante Landgraf Karl I. von Hessen-Kassel den Bau eines Kanals zwischen der Hauptstadt und der Weser; Ausgangspunkt sollte eine neu zu errichtende Hafenstadt an der Diemelmündung werden. 1699 begann der Bau der neuen Stadt, die den Namen Sieburg erhielt nach einer alten Fliehburg auf dem gleichnamigen Nordausläufer des Reinhardswalds hoch über der Stadt; die ersten Siedler waren Hugenotten und andere Glaubensflüchtlinge aus Frankreich, 1710 erhielt Sieburg Stadtrecht, 1715 wurde die Stadt nach ihrem Gründer in Karlshafen umbenannt. Das Kanalprojekt wurde nach dem Tod des Landgrafen (1730) aufgegeben. Die im selben Jahr entdeckte Solequelle wurde erst nach dem Siebenjährigen Krieg zur Salzgewinnung genutzt, der Badebetrieb entfaltete sich im 20. Jh., 1977 wurde Karlshafen in Bad Karlshafen umbenannt.
Sehenswürdigkeiten: Bad Karlshafen ist das am besten erhaltene Beispiel einer planmäßig angelegten Barockstadt in Hessen und neben Erlangen das besterhaltene einer deutschen Hugenottenstadt des 17./18. Jh.; die Stadt wurde nach Entwürfen von Oberst Friedrich Conradi angelegt. Das rechteckige Hafenbecken in der Diemel bildet den Mittelpunkt der Stadt, die Repräsentationsbauten stehen an den Längsfronten des Beckens, darunter das ehemalige landgräfliche Absteigequartier (1715–18 Friedrich Conradi, jetzt Rathaus). Ortsteil Helmarshausen mit Krukenburg und Resten der ehemaligen Benediktiner-Reichsabtei.
Museum: Deutsches Hugenottenmuseum.
Auskunft: Kurverwaltung Bad Karlshafen, Hafenplatz 8, Rathaus, 34381 Bad Karlshafen.

Bad Oeynhausen

Wo die Werre in die Weser mündet, liegt im nordrhein-westfälischen Kreis Minden-Lübbecke die Stadt Bad Oeynhausen (71 Meter, 46 000 Einwohner), nordrhein-westfälisches Staatsbad mit der stärksten Thermalquelle Festlandeuropas. Bis ins 18. Jh. gab es hier nichts als einige Bauernhöfe, ab 1751 eine preußische Saline. Als der preußische Oberbergrat Karl Freiherr von Oeynhausen 1839 eine Probebohrung auf Salzsteinlager durchführte, wurden Heilquellen entdeckt. Der preußische Staat kaufte die Quellen auf, 1847 erhielt das Bad den Namen Oeynhausen, mit der Anlage des Kurparks wurde der bedeutende Landschaftsgärtner Peter Joseph Lenné betraut. Im Jahr 1926 fand man in 725 Meter Tiefe den Jordanssprudel, mit über 50 Meter Spritzhöhe eine der stärksten Thermalquellen der Erde.
Museen: Deutsches Märchen- und Wesersagenmuseum; Heimatmuseum;

Norddeutsches Auto-, Motorrad- und Technikmuseum.
Freizeit: Wassersportfreizeitgebiet Großer Weserbogen unterhalb von Bad Oeynhausen; Spielkasino.
Wandern: Wanderung 30 führt über das Wiehengebirge, Wanderung 29 über das Wesergebirge.
Auskunft: Verkehrsverein Bad Oeynhausen, Ostkorso 12, 32512 Bad Oeynhausen.

Bodenwerder

Wo die den Vogler nördlich begrenzende Lenne in die Weser mündet, liegt im niedersächsischen Kreis Holzminden die Stadt Bodenwerder (75 Meter, 6000 Einwohner), Luftkurort, Jod-Sole-Bad und Heimat des „Lügenbarons" Münchhausen, Standort von Binnenschiffbau- und Baustoffindustrie. Den auf dem Werder gegenüber der Lennemündung oberhalb des Klosters Kemnade gegründeten Marktort erwarben 1245 die Edelherren von Homburg (Wanderung 12) vom Kloster Corvey, verliehen ihm 1287 Stadtrecht und bauten die Stadt planmäßig auf der schmalen Insel aus; durch die Zuschüttung des die Inselstadt umfließenden Weserarms hat sich Bodenwerder 1938–48 seiner Inselidentität entledigt, so daß der Name Bodenwerder (= Insel des Bodo; Bodo = Name eines der Edelherren von Homburg) heute von der Topographie her nicht mehr verständlich ist. Nach dem Aussterben der Homburger (1409) fiel Bodenwerder an das Herzogtum Braunschweig-Lüneburg, 1521 an das Fürstentum Calenberg.
Sehenswürdigkeiten: Zeuge der wirtschaftlichen Blüte der Stadt bis ins 16. Jh. ist die gotische Pfarrkirche St. Nikolai (1407–10, Umbau 1899/1900). Giebelständige Ackerbürgerhäuser mit Fachwerkschmuck akzentuieren das Altstadtbild, oft freilich durch den Einbau moderner Läden entstellt.
Museen: Das jetzige Rathaus (Münchhausenstr. 1) ließ 1603 Statius von Münchhausen als Herrenhaus errichten; hier wurde am 11. Mai 1720 der fabulierlustige Offizier und Gutsbesitzer Karl Friedrich Hieronymus Freiherr von Münchhausen geboren, der sogenannte Lügenbaron; ein Gedenkraum im Rathaus vermittelt einen Eindruck von den Jagd-, Kriegs- und Reiseerlebnissen dieses Abenteurers, der 1797 in Bodenwerder starb. Das Heimatmuseum steht am Münchhausenplatz.
Wandern: Wanderung 11 führt auf den waldreichen Vogler.
Auskunft: Verkehrsamt der Münchhausenstadt Bodenwerder, Weserstraße 3, 37616 Bodenwerder.

Rathaus und altes Hafenbecken in Bad Karlshafen.

Corvey

Die ehemalige Benediktinerabtei Corvey direkt an der Weser, heute Stadtteil von Höxter, zählte bis ins 11. Jh. zu den bedeutendsten deutschen Klöstern; das karolingische Westwerk der Klosterkirche ist das einzige weitgehend erhaltene Westwerk und eine Sehenswürdigkeit ersten Ranges. Ihre Gründung erfolgte 815/16 mit Zustimmung Kaiser Ludwigs des Frommen durch die Halbbrüder Adalhard und Wala, zwei Vettern Kaiser Karls des Großen. Adalhard war Abt des westfränkischen Benediktinerklosters Corbie bei Amiens (Nordfrankreich), die ersten Mönche kamen von dort, ihr Ziel war die Sachsenmission. Das Kloster wurde damals nicht in Corvey, sondern in Hethis im Solling gegründet. Die genaue Lage von Hethis ist nicht geklärt.
Wegen der unwirtlichen Lage im Hochsolling erfolgte 822 die Verlegung in den Weserwinkel östlich des Königshofs „villa regia Huxori", des heutigen Höxter; dabei wurde die Propstei in das eigenständige Kloster „Nova Corbeia" umgewandelt. Kaiser Ludwig der Fromme schenkte dem Kloster 823 den Königshof und die bisher Corbie gehörenden Güter und verlieh ihm das Recht der freien Abtwahl sowie Immunität. Als 836 die Reliquien des heiligen Veit (Vitus) von Saint-Denis nach Corvey übergeführt wurden, wurde Veit, einer der Vierzehn Nothelfer, Stammesheiliger der zum Christentum übergetretenen Sachsen. Heute befinden sich seine Reliquien im St.-Veits-Dom in Prag.
Corvey als erstes selbständiges Kloster im von den Franken eroberten Sachsenland avancierte zum Zentrum westfränkisch-karolingischer Kultur unter den Sachsen und zugleich zum kirchlichen und wirtschaftlichen Mittelpunkt. Umfangreiche Schenkungen machten es zu einem der reichsten Klöster Deutschlands.
23 Bischöfe sowie angeblich auch Papst Gregor V. (erster deutscher Papst 996–99) gingen aus dem Konvent hervor, unter ihnen der heilige Ansgar, der „Apostel des Nordens", ab 831 erster Bi-

Kirche und Klostergebäude der ehemaligen Abtei Corvey.

schof von Hamburg. Die Bibliothek zählte zu den berühmtesten des Mittelalters. Bereits 833 erhielt Corvey das Münzrecht für die beim Kloster entstandene Laiensiedlung Corvey, die sich in Rivalität zum benachbarten Höxter zur Stadt entwickelte.
Als im 10. Jahrhundert die Sachsen (Ottonen) die Königswürde übernahmen, erfolgte in Corvey kulturell der Bruch mit der westfränkisch-karolingischen Tradition, an deren Stelle eine eher national-sächsische Ausrichtung trat. Widukind von Corvey schuf im 10. Jahrhundert mit den „Res Gestae Saxonicae" (Die Taten der Sachsen) eines der bedeutendsten Werke der ottonischen Geschichtsschreibung.
Mit der Lokerung der Klosterzucht begann im 11. Jahrhundert der Niedergang Corveys. Die Einführung der Reformation in Höxter 1533 schwächte die Stellung des Abts noch mehr. Während des Dreißigjährigen Kriegs wurden die Klostergebäude zerstört, die kostbare Bibliothek in alle Winde zerstreut.
Bis zur Säkularisation behauptete sich der Abt als Souverän eines Reichsfürstentums, das 16 Dörfer links der Weser mit der Hauptstadt Höxter umfaßte. Im Zuge der Säkularisation kam Corvey 1802/03 als weltliches Fürstentum an Oranien-Nassau; fiel es 1815 an Preußen, das es 1820 auf dem Tauschweg dem Landgrafen Viktor Amadeus von Hessen-Rotenburg abtrat. Der Landgraf gründete die berühmte Schloßbibliothek (die nichts mit der mittelalterlichen Bibliothek zu tun hat) und ließ das Kloster zu einem Schloß umbauen. 1834 fiel Corvey durch Erbschaft an den Prinzen Viktor von Hohenlohe-Schillingsfürst, der 1840 den erblichen Titel eines Herzogs von Ratibor Fürst von Corvey erhielt. Von 1860 bis zu seinem Tod 1874 arbeitete der Dichter August Heinrich Hoffmann von Fallersleben, Verfasser des „Deutschlandliedes" in Corvey als Schloßbibliothekar.
Westwerk Corvey: Es ist das einzig weitgehend erhaltene Westwerk überhaupt. Ein Westwerk ist ein turmartiger, über quadratischem Grundriß errichteter Sakralbau, der der Kloster- oder Bischofskirche vorgesetzt ist und als Königs- bzw. Kaiserkirche interpretiert wird – ein Raum, in dem weltliche und geistliche Herrschaftsfunktionen wahrgenommen wurden: Der Herrscher nahm im Westwerk quasi als in einer Eigenkirche Rechtsprechung und kultische Oberaufsicht wahr. Über seine Funktion als Eigenkirche des Herrschers hinaus ist das Westwerk Schutzburg der dahinterliegenden Kirche sowie Eingang (Dreiturmgruppe = Stadttor) zur „heiligen Stadt": „Umhege du, o Herr, diese Stadt, und laß deine Engel die Wächter ihrer Mauern sein", ist auf einer lateinischen Inschrifttafel aus der Gründungszeit unter dem Fenster am Thronerker auf der Westempore des Corveyer Westwerks zu lesen.
Die ersten Westwerke entstanden gegen 800 im westfränkischen Karolingerreich und konzentrieren sich ab etwa 850 auf das sächsische Gebiet (Corvey, Halberstadt, Hildesheim, Minden, Werden); mit dem Ende des karolingischen Königtums wurde das Westwerk aufgegeben und zum Westbau der ottonischen und romanischen Kirchen umgebildet.

Die aufwendige Westwerkanlage von Corvey wurde 873–85 als Dreitürmebau errichtet und unter Abt Wibald von Stablo im 12. Jh. zur jetzigen Doppelturmfassade umgebaut. Unberührt von diesem Umbau blieb die „Krypta", die quadratische Eingangshalle, deren Kreuzgewölbe auf 4 Säulen und 12 Pfeilern ruhen. Von der Krypta führen Turmtreppen in den Johannischor, dessen quadratischer Mittelraum sich über zwei Geschoße erstreckt; er ist an drei Seiten von Emporen umgeben und im Osten durch eine Arkadenwand zum Langhaus (Neubau ab 1667) geöffnet. Die Westempore entging dem Umbau des 12. Jh.; in ihrem vorspringenden Erker wird die Kaiserloge vermutet. In allen Geschossen des Westwerks finden sich karolingische Wandmalereien.
Schloß/Museum Corvey: Die Klostergebäude (heute Schloß) wurden 1699–1716 neu errichtet. Im Schloß ist das Museum für die Stadt und den Landkreis Höxter untergebracht. Sehenswert der prunkvolle Kaisersaal und die Bibliothek.
Wandern: Wanderung 12 führt durch die Teufelsschlucht zu den Prinzessinnenklippen und zur Fliegerheide.
Auskunft: Fremdenverkehrs- und Kulturamt der Stadt Höxter, Am Rathaus 7, 37671 Höxter.

Dassel

Am Solling-Nordostrand liegt im niedersächsischen Kreis Northeim die Stadt Dassel (150 Meter, 11600 Einwohner), der bereits im 9. Jh. erstmals erwähnte Stammsitz der Grafen von Dassel. Der berühmteste Vertreter dieses Grafengeschlechts war Rainald von Dassel, der 1156–59 Reichskanzler von Kaiser Friedrich I. Barbarossa und danach als Erzbischof von Köln und Erzkanzler für Italien einer der einflußreichsten Berater des Kaisers war. Nach dem Sturz Heinrichs des Löwen (1180) erweiterten die Grafen von Dassel ihr Territorium bis über die Weser hinaus, ehe im 13. Jh. der Abstieg begann: 1310 verkaufte Simon, der letzte Graf von Dassel, unter Verzicht auf die Reichsgrafenwürde Dassel an den Bischof von Hildesheim. Der Bischof von Hildesheim verlieh Dassel 1315 Stadtrecht. Während der Hildesheimer Stiftsfehde (1519–23) verwüsteten braunschweigische Truppen die Stadt; von dieser Zerstörung konnte sich die Stadt, die 1815 an Hannover fiel, jahrhundertelang nicht mehr erholen. Wirtschaftszweige sind heute neben dem Fremdenverkehr traditionelle Betriebe der Metallverformung und Papierherstellung.
Sehenswürdigkeiten: Die Laurentiuskirche ist eine spätgotische Hallenkirche (Weihe 1447) mit Renaissance-Wandmalereien. Im Stadtpark steht der 1325 datierte Kreuzstein der Irmingard von Dassel.
Museum: Heimatmuseum Grafschaft Dassel.
Wandern: Dassel ist ein günstiger Ausgangspunkt für mehrere Wanderungen im Weserbergland. Wanderung 9 führt vom Lakenteich zum Sollingturm, Wanderung 10 durchs Mecklenbruch zur Großen Blöße; Wanderung 13 führt zur Moosberghütte im Elfas-Gebirge, Wanderung 16 zur Homburg-Ruine.
Auskunft: Fremdenverkehrsverband Dassel, Südstr. 1, 37586 Dassel.

Einbeck

Kurz oberhalb der Mündung der Ilme in die Leine liegt im niedersächsischen Kreis Northeim die alte Bierstadt Einbeck (113 Meter, 28 000 Einwohner). Der Ort an der historischen Leinetalstraße entstand im 12. Jh. beim Gut Einbike und dem Kollegiatstift St. Alexander, das dank einer kostbaren Blutreliquie – ein Tropfen vom Blut Christi – zum bedeutenden Wallfahrtszentrum avancierte. Um 1200 entstand neben der Alt- die Neustadt, beide vereinigten sich 1252 und erhielten 1279 von den Welfen ein verbessertes Stadtrecht. Den Wohlstand der Bürger begründete die Bierbrauerei, das schon im ausgehenden 14. Jh. weithin exportiert wurde. Das „Ainpokisch Bier", ein Starkbier, von dem auch Martin Luther eine Kanne auf dem Wormser Reichstag trank, war so schmackhaft und berühmt, daß es die bayerischen Herzöge nachzubrauen versuchten; 1614 gelang ihnen das, und weil sie fanden, daß „Ainpokisch Bier" eine doch wohl recht zungenbrecherische Bezeichnung sei, nannten sie es „Oambock"; im 19. Jh. wurde daraus in München das „Bockbier".
Sehenswürdigkeiten: Die Altstadt von Einbeck bildet ein geschlossenes Fachwerkensemble mit einer Vielzahl künstlerisch wertvoller Bürgerhäuser des 16. bis 19. Jh., unter ihnen hervorzuheben sind Rathaus (1550–56), Ratswaage (1565), Ratsapotheke (1590–95) und Bäckergildehaus „Brodhaus" (1552), alle am Marktplatz, in der Marktstraße das Eickesche Haus (1612–14). Gotisch sind die ehemalige Kollegiatsstiftskirche St. Alexander (Hallenkirche 1275–1506 über romanischem Vorgängerbau, 1108) und die Marktkirche St. Jakob (Ende 13. Jh.) mit dem 65 Meterhohen Turm (1500 und nach 1540) und barocker Westfassade (1741).
Museen: Städtisches Museum im Steinweg 11 mit Exponaten zur Kunst-, Kultur- und Wirtschaftsgeschichte der Stadt und des ehemaligen Kreises Einbeck.
Wandern: Einbeck ist im Leinebergland so günstig gelegen, daß sowohl die Ziele im Leine- als auch im Weserbergland leicht erreichbar sind. Wanderung 18 führt über die Selterklippen, Wanderung 19 über den Hilskamm, Wanderung 20 von den Apenteichen durch den Sackwald, Wanderung 17 durchs Elfas-Gebirglein, Wanderung 16 zur Homburg-Ruine.
Auskunft: Tourist-Information Einbeck, Rathaus, 37574 Einbeck.

Eschershausen

Wo der Angerbach in die Lenne mündet, liegt in der Talweitung am Fuß von Homburg, Vogler, Ith und Hils im niedersächsischen Kreis Holzminden die

Stadt Eschershausen (150 Meter, 4100 Einwohner), um 1040 als Aschgereshusen erstmals erwähnt an der Kreuzung der alten Straßen Paderborn-Hildesheim und Hameln-Einbeck, heute Erholungsort; Sportbootherstellung.
Raabehaus: Eschershausen ist der Geburtsort des Dichters Wilhelm Raabe (1831–1910), eines bedeutenden Vertreters des poetischen Realismus (Erzählung „Die schwarze Galeere“, 1861; Roman „Die Akten des Vogelsangs“, 1896). In seinem Geburtshaus, einem Fachwerkbau (1828) in der Raabestraße, wurde ein kleines Raabe-Museum eingerichtet.
Wandern: Eschershausen ist idealer Ausgangspunkt für Wanderungen im Vogler (Wanderung 11), auf dem Ith (Wanderungen 18 und 19), auf dem Hils (Wanderung 16) und auf dem Homburgberg (Wanderung 12).

Grebenstein

Im Essetal am Westfuß des Reinhardswalds liegt im hessischen Kreis Kassel die Stadt Grebenstein (193 Meter, 5800 Einwohner). Burg „Grevenstein“ oder „Grafenstein“ auf der Basaltkuppe rechts des Flusses, 1274 erstmals erwähnt, war eine Gründung der Grafen von Dassel, gelangte durch Erbschaft an die Grafen von Eberstein (vgl. Wanderung 10) und stand von Anfang an in Konkurrenz zum Land- und Machthunger der hessischen Landgrafen, der Mainzer Erzbischöfe und der Paderborner Bischöfe. Schließlich verkaufte Graf Otto von Eberstein 1297 Burg und Gericht Grebenstein an Landgraf Heinrich I. von Hessen, der es zum Hauptstützpunkt gegen die Mainzer Erzbischöfe machte. In hessischer Zeit entstanden unterhalb der Burg die Altstadt (um 1311) und die Neustadt (1365), die 1370 zur Stadt Grebenstein vereinigt wurden.
Sehenswürdigkeiten: Grebenstein wird wegen seines malerischen, geschlossenen Stadtbildes gern als „das hessische Rothenburg“ bezeichnet. Von der starken Befestigung sind Teile der bis zu sieben Meter hohen Wehrmauer sowie fünf der ehemals zwölf hohen Rundtürme erhalten, teils mit Steinhelmen, Erkern und Pechnasen. Die ältesten Steinhäuser stammen aus gotischer Zeit; stadtbildprägend sind die Fachwerkhäuser des 16. bis 18. Jh. Östlich der Stadtkirche (1355 vollendet, nach Brand 1637 erneuert) steht das stattliche Rathaus mit spätgotischem Steinuntergeschoß und Fachwerkaufbau von 1672. Von der ehemaligen Burg sind Ruinen erhalten.
Museum: Das Ackerbürgermuseum der Stadt Grebenstein ist im spätgotischen Haus Leck (Ende 15. Jh.) untergebracht.
Wandern: Wanderung 1 führt durch den Reinhardswald.

Hameln

Wo die Hamel in die Weser mündet, liegt die niedersächsische Kreisstadt Hameln (64 Meter, 55 000 Einwohner), die größte Stadt im Weserbergland. Hameln entstand an der Kreuzung der Wasserstraße Weser mit den mittelalterlichen Handelsstraßen Paderborn–Hannover und Minden–Hildesheim.
Sehenswürdigkeiten: Die wirtschaftliche Blüte im 16./17. Jh. machte Hameln zu einem Zentrum der Weserrenaissance. Da Hameln während des Zweiten Weltgriegs nicht zerstört wurde, zählt es zu den wenigen Städten, in denen altdeutsche Baukunst in hervorragender Weise bewahrt ist. Zu den bedeutendsten Bürgerhäusern zählen das Rattenfängerhaus (1602/03) und das Hochzeitshaus (1610–17) sowie das Leistsche Haus (1585–89), in dem das Heimatmuseum untergebracht ist. Die Münsterkirche St. Bonifatius ist eine spätromanisch/gotische Hallenkirche (11.–14. Jh.) mit Krypta.
Rattenfängermuseum: „Im Jahre 1284 na Christi Geborth / Tho Hameln worden uthgefohrt / 130 Kinner dasülwest gebohren. / Dorch einen Piper, under den Köppen verlohren.“ Die Sage vom Piper von Hameln, einem Jüngling mit silberner Flöte, der am Peter- und Paulstag des Jahres 1284 mehr als 100 Kinder durchs Ostertor hinausgeführt haben soll – „die Mutter des Herrn Dekans Johann von Lüde sah die Kinder fortziehen“ –, zählt zu den meistdiskutierten und umstrittensten Weserberglandsagen, falls es sich beim Exodus Hamelensis tatsächlich nur um eine Sage handelt. Dem Exodus der Hämelschen Kinder ist ein eigenes Museum gewidmet.
Auskunft: Verkehrsverein Hameln, Deisterallee 3 / Am Bürgergarten, 31785 Hameln.

Hannoversch Münden

Wo sich Werra und Fulda zur Weser vereinigen, liegt am Fuß von Kaufunger Wald, Reinhardswald und Bramwald die alte Weserschiffahrtsstadt Hannoversch Münden (123 Meter, 24 700 Einwohner) im niedersächsischen Kreis Göttingen an der Grenze zum hessischen Kreis Kassel. Der seit 1991 amtliche Name Hannoversch Münden (früher: Münden) verweist auf die einstige Zugehörigkeit Mündens zum 1866 von Preußen annektierten Land Hannover.
Dank der verkehrsgünstigen Lage am Schnittpunkt der drei Flußtäler bestanden in diesem Gebiet bereits in der jüngeren Steinzeit Handelswege Richtung Leinetal und Thüringen; Hügelgräber belegen die Besiedlung seit der Bronzezeit. Während die Blasiuskirche über einem frühchristlichen Gräberfeld steht, ging die Ägidienkirche vermutlich aus der Pfalzkapelle eines fränkischen Königshofs hervor, der die Werra-Weser-Linie gegen die Sachsen verteidigen sollte. Die Siedlung, die in fränkischer Zeit im Mündungsdreieck zwischen Werra und Fulda bestand, war die „villa Gemundi“ (Münden). Links der Fulda wiederum entstand die Furtsiedlung Ratten (Neumünden).
Als Stadt im Besitz der Landgrafen von Thüringen wird Münden 1183 erstmals urkundlich erwähnt. Als 1247 mit Heinrich

Raspe die thüringischen Landgrafen ausstarben, erhielt Herzog Otto I. von Braunschweig-Lüneburg Münden als Reichslehen. Er erteilte der Stadt die Privilegien, die die wirtschaftliche Blüte von Münden begründeten, darunter das Stapelrecht. Doch gab es auch Rückschläge: Während des Dreißigjährigen Kriegs eroberte 1626 der katholisch-kaiserliche Feldherr Tilly Münden und veranstaltete hier ein „Blutpfingsten"; während des Siebenjährigen Kriegs (1756–63) wurde Münden sechsmal von den Franzosen erobert und wieder befreit; im napoleonischen Königreich Westphalen war Münden ein Kanton; die Weserschiffahrtsakte hob 1823 das Stapelrecht auf; 1866 annektierte Preußen Münden zusammen mit dem Königreich Hannover.
Heute ist Hannoversch Münden mit seiner malerischen Altstadt und der Weserschiffahrt ein Fremdenverkehrszentrum im Weserbergland; es ist Bundeswehrstandort, Sitz einer Polizeischule, einer Chemieschule und der Hessischen Forstlichen Versuchsanstalt. Industrie: Kautabak, Kunststoffverarbeitung (Verpackungsfolien), Gummiwaren, Luftgewehrmunition.
Sehenswürdigkeiten: Die Blasiuskirche, eine dreischiffige Hallenkirche mit spätgotischem Langhaus (1487–1502) und der Renaissance-Haube des 1584 vollendeten Turms, wurde ab dem 13. Jh. über brandzerstörten romanischen Vorgängerbauten errichtet; letztere standen über einem frühchristlichen Gräberfeld; die Kirche war ursprünglich nach Petrus benannt, später nach Unserer Lieben Frau, seit 1467 fungiert Blasius als Patron.
Die Ägidienkirche (15.–17. Jh.) steht vermutlich an der Stelle einer fränkischen Pfalzkapelle. Das Welfenschloß ließ 1562–84 Herzog Erich II. (zu Braunschweig-Lüneburg) von Calenberg im Stil der Weserrenaissance errichten (Amtsgericht, Städtisches Museum). Das frühgotische Rathaus wurde 1603–19 zu einem Prachtbau der Weserrenaissance erweitert. Erhalten sind ferner ansehnliche Reste der mittelalterlichen Stadtbefestigung (13. Jh., Ausbau 15./16. Jh.), darunter das Obere Tor.
Museum: Städtisches Museum mit den fürstlichen Prunkgemächern im Welfenschloß.
Wandern: Hannoversch Münden ist hervorragender Ausgangspunkt für Wanderungen im Fulda- und im Werratal, im Naturpark Münden-Kaufunger Wald, im Bramwald (Wanderung 5) und im Reinhardswald (Wanderung 6). Bei Streckenwanderungen in Bram- und Reinhardswald können die Weserschiffe als Rückkehrmöglichkeit benutzt werden. Ein umfassender Rundblick über die Stadt und das Flußdreieck von Fulda, Werra und Weser bietet die Tillyschanze westlich der Stadt am Wanderweg zum Gahrenberg, dem neben dem Staufenberg höchsten Gipfel des Reinhardswalds.
Auskunft: Verkehrsverein Naturpark Münden, Rathaus, 34346 Hannoversch Münden.

Holzminden

Wo die vom Solling herabfließende Holzminde in die Weser mündet, liegt rechts des Flusses die niedersächsische Kreisstadt Holzminden (99 Meter, 20 900 Einwohner) mit ihrer reizvollen Fachwerk-Altstadt.
Der Ortsname läßt sich als „Holtesmeni" bis ins 9. Jh. zurückverfolgen und bedeutet „Waldbach".
Das alte Holzminden lag dort, wo die vom Niederrhein kommende historische Hellweg-Handelsstraße bei Höxter die Weser überschritt.
Neben dieser seit dem 9. Jh. nachweisbaren Siedlung ließen die Grafen von Everstein um das Jahr 1200 eine Markt- und Zollstätte errichten, die dann 1245 Stadtrecht erhielt; ab dem 16. Jh. gehörte die Stadt zum Besitz der Wolfsburger Linien des Hauses Braunschweig-Lüneburg.
Die Tradition der 1831 durch Friedrich Ludwig Haarmann gegründeten ersten deutschen Baugewerksschule lebt in den heutigen Fachbereichen Architektur und Bauingenieurwesen der Fachhochschule Hildesheim/Holzminden fort. Als die Holzmindener Firma Haarmann & Reimer 1874 erstmals das Aroma der Vanilleschote chemisch darstellte und damit das Vanillin erfand, war dies die Geburtsstunde der Holzmindener Geschmacks- und Riechstoffindustrie. Daneben finden sich heute Betriebe der elektrotechnischen und der Glasindustrie, des Maschinen- und Werkzeugbaus, Verlage und eine Brauerei.
Sehenswürdigkeiten: Da Holzminden im Dreißigjährigen Krieg nahezu völlig zerstört wurde, datieren die meisten Fachwerkhäuser aus der Zeit danach. Zu den stattlichsten zählen das Severinsche Haus (1683) in der Halbmondstraße und das Alte Fährhaus (1662) im Steinhof. Vom ältesten erhaltenen Haus, dem Tillyhaus in der Grabenstraße – hier soll im Dreißigjährigen Krieg der kaiserliche Feldherr Tilly residiert haben – ist noch das Sandsteinportal (1609) erhalten.
Die heutige evangelische Lutherkirche, ein im Kern romanischer Bau, wurde 1231 Unserer Lieben Frau geweiht und 1577–95 erweitert.
Museen: An der Weserbrücke steht das Museumsschiff der Weserschiffahrt; bis 1982 war es als Fahrgastschiff unterwegs, heute informiert es über die Personendampfschiffahrt auf der oberen Weser.
Das Heimatmuseum befindet sich im Torhaus im Katzensprung in der Oberbachstraße.
Wandern: Holzminden ist ein idealer Ausgangspunkt für vier der beschriebenen Wanderungen im Weserbergland. Wanderung 9 führt zum Sollingturm, Wanderung 10 durchs Mecklenbruch auf die Große Blöße, den höchsten Berg des Weserberglands, Wanderung 13 führt von Stahle auf den Köterberg, Wanderung 14 über den Eversteiner Burgberg.
Auskunft: Fremdenverkehrs- und Kulturamt Holzminden, Obere Straße 30, 37603 Holzminden.

Höxter

Die nordrhein-westfälische Kreisstadt Höxter (95 Meter, 34 000 Einwohner) liegt im südlichen Weserbergland halbkreisförmig an einem Flußbogen, an dem die historische Hellweg-Handelsstraße die Weser Richtung Magdeburg überschritt. Schon 822, als das Kloster vom Solling nach Corvey verlegt wurde, bestand hier eine dörfliche Siedlung, die zum Königsgut gehörende „villa regia Huxori". Der Dreißigjährige Krieg beendete jäh den wirtschaftlichen Aufschwung der Stadt: Nach dem „Blutbad von Höxter" wurden allein im Jahr 1634 mehr als 1500 Leichen in die Weser geworfen. 1674 mußte die Stadt im „Gnaden- und Segenrezeß" die Landeshoheit des Bischofs von Münster anerkennen und verlor alle Freiheiten.

Einen bescheidenen Aufschwung erfuhr Höxter, als es im 19. Jh. Verwaltungssitz eines preußischen Landkreises wurde.

Sehenswürdigkeiten: Die Kilianskirche, 1075 geweiht, ist eine romanische Pfeilerbasilika, deren Doppelturmfassade im 12. Jh. unter dem Eindruck des neugestalteten Westwerks von Corvey errichtet wurde. Die Marienkirche, 1320 geweiht, gehörte zu einem 1248 gegründeten, 1804 aufgehobenen Minoritenkloster (danach Lagerhalle, nach dem Zweiten Weltkrieg wieder Kirche); bei der 1981 abgeschlossenen Restaurierung wurde die ursprüngliche Raumfassung mit lichtem Grau und weißen Fugen wiederhergestellt. Das Bild der Altstadt prägen zahlreiche Fachwerkbauten mit der typischen Dekoration der Weserrenaissance; sie stammen fast alle aus der Zeit wirtschaftlicher Blüte zwischen Reformation und Dreißigjährigem Krieg: Dechanei (1561, Christoph von Amelunxen), Tillyhaus (1598, angeblich Quartier des kaiserlichen Feldherrn Tilly), Rathaus (um 1610, 1899–1906 wiederhergestellt).

Museum: Schloß Corvey (siehe S. 121) beherbergt das Museum für die Stadt und den Landkreis Höxter.

Wandern: Wanderung 11 führt zur Brunsburg und zum Pflanzenparadies Höxter Klippen am Ziegenberg, Wanderung 12 durch die Teufelsschlucht zur Fliegerheide.

Auskunft: Fremdenverkehrs- und Kulturamt der Stadt Höxter, Am Rathaus 7, 37671 Höxter.

Northeim

Wenig oberhalb der Stelle, wo die im Harzvorland in einer Karstquelle entspringende und daher starken Wasserschwankungen unterworfene Rhume in die Leine mündet, liegt die niedersächsische Kreisstadt Northeim (120 Meter, 30 800 Einwohner), kurz Norten genannt, vor 100 Jahren Kreisstadt im preußischen Regierungsbezirk Hildesheim. Die erste Siedlung an diesem verkehrsgeographisch (heute Eisenbahnknotenpunkt) und strategisch (Kontrolle zweier Flußübergänge) wichtigen Punkt ist bereits für kurz nach der Zeitenwende nachgewiesen; später stand hier eine fränkische Curtis regia (königlicher Wirtschaftshof), und um 800 – erste urkundliche Erwähnung von Northeim – schenkte der Edle Nithart den vormaligen Wirtschaftshof dem Kloster Fulda. Bis zur Reformation prägte das Gegeneinander von Dorf und Kloster (ab 1103/07 Benediktinerkloster St. Blasii) die Geschike Northeims, das um 1000 Stammsitz der Grafen von Northeim wurde. Nach dem Aussterben der Northeimer (in der männlichen Linie 1144) wurden ihre Besitzungen von den Welfen übernommen, 1252 verlieh Herzog Albrecht von Braunschweig dem Dorf das Göttinger Stadtrecht. Bis 1534 gehörte Northeim der Hanse an, 1539 wurde die Reformation eingeführt, 1592 löste Herzog Heinrich Julius von Braunschweig das Kloster auf. Heute ist Northeim Industriestandort: Herrenkonfektion, Schuhe, Maschinen, Gummi, Kunststoff, Papierverarbeitung.

Sehenswürdigkeiten: Trotz der Stadtbrände von 1832 und 1892 finden sich in der Altstadt noch zahlreiche alte Fachwerkhäuser. Die Stadtmauer aus Kalkbruchstein, 1987 saniert, umgibt noch heute fast die gesamte Stadt. Die evangelische Kirche St. Sixti ist eine spätgotische Hallenkirche (1464–1519) mit spätgotischen Glasmalereien und einem aus dem Vorgängerbau übernommenen Flügelaltar aus der Zeit um 1430; bedeutend auch der Orgelprospekt (1721–34).

Museum: Das Heimatmuseum ist im ehemaligen Hospital St. Spiritus/Heiliggeisthospital untergebracht (Am Münster), einem laut Inschrift im Jahr 1500 erbauten Fachwerkhaus mit Krüppelwalmdach.

Wandern: Links der Rhume steigt in Northeim der bis zu 356 Meter hohe Rücken des Wieter auf mit dem Teufelsberg und dem Wieteraussichtsturm.

Auskunft: Fremdenverkehrsverein, Am Münster, 37154 Northeim.

Rinteln

Wo die Exter unterhalb des Wesergebirges im fruchtbaren Rintelner Becken in die Weser mündet, liegt im niedersächsischen Kreis Schaumburg die Stadt Rinteln (54 Meter, 27 600 Einwohner), einst schaumburgische bzw. hessische Universitätsstadt (1621–1809), heute Sitz der Niedersächsischen Fachhochschule für Verwaltung und Rechtspflege, Getränke- und Glasindustrie, Maschinenfabrik, Dachsteinwerke.

Während ein Dorf (Alt-) Rinteln rechts der Weser 1158 bezeugt ist, ließen die Grafen von Schaumburg die Stadt Rinteln im frühen 13. Jh. planmäßig links der Weser errichten (Stadtrecht 1239). Ziel der Stadtgründung war die Sicherung des Weserübergangs mit Zollstätte und die Schaffung eines starken Stützpunkts an der Südwestflanke des schaumburgischen Territoriums. Die Verlegung der in Stadthagen gegründeten Landesuniversität der Schaumburger 1621 nach Rinteln unterstrich die Vorrangstellung Rintelns unter den schaumburgischen Städten.

Nach dem Aussterben der Schaumburger (1640) fiel

Rinteln mit einem Großteil der Grafschaft an Hessen-Kassel und wurde als Regierungssitz der hessischen Grafschaft Schaumburg 1665–71 zu einer modernen Festung mit Redouten ausgebaut. Die napoleonischen Kriege brachten einen Rückschlag: 1807 wurden die Festungswerke geschleift, 1809 wurde die lutherische Universität durch Kabinettsordre des Kaisers der Franzosen aufgehoben und mit der Universität Marburg vereinigt.
Sehenswürdigkeiten: Rinteln wartet mit einer der schönsten und besterhaltenen Fachwerkaltstädte des Weserberglands auf. Ganze Straßenzeilen bestehen aus Fachwerkhäusern des bis 18. Jh. mit prachtvollem Schnitzwerkdekor, so in der Brenner-, Bäcker-, Kreuz- und Schulstraße, am Kirch- und Marktplatz. Nicht nur repräsentative Bürgerhäuser sind erhalten und restauriert, sondern auch Häuser der sogenannten unteren Volksschichten aus vorindustrieller Zeit. Sehenswert sind auch die Adelshöfe im Stil der Weserrenaissance, darunter der Münchhausenhof (1546); im selben Stil ist das Alte Rathaus (1583) gehalten. Die gotische Hallenkirche St. Nikolai (13./14. Jh.) am Marktplatz besitzt eine frühbarocke Ausstattung.
Museum: Das Schaumburgische Heimatmuseum ist in der sogenannten Eulenburg untergebracht, dem einstigen Stadthof des Klosters Möllenbeck in der Klosterstraße 21. Sammlungen zur Geschichte der Grafschaft Schaumburg und der Stadt Rinteln, reiche Sammlung Schaumburger Trachten.
Freizeit: Erholungsgebiet Doktorsee im Westen der Stadt mit nichtmotorisierten Wassersportmöglichkeiten jeder Art.
Wandern: Wanderung 29 führt von der Schaumburg, dem sehenswerten Stammsitz der Schaumburger, zu den Hexenteichen und über den Kamm des Wesergebirges.
Auskunft: Fremdenverkehrsbüro Rinteln, Klosterstraße 20, 31737 Rinteln.

Trendelburg im Diemeltal.

Stadtoldendorf

Am Eberbach am Fuß der Homburg liegt im niedersächsischen Kreis Holzminden die Stadt Stadtoldendorf (228 Meter, 6000 Einwohner) mit sehenswertem historischem Ortskern. Erstmals erwähnt wird der Ort 1150 unter dem Namen „Aldenthorpe" bzw. „Oldendorp" als Dingstätte eines Freiengerichts: Als Sühne für eine Mordtat seines Vaters mußte Graf Hermann von Winzenburg damals die Homburg dem Bischof von Hildesheim zu Lehen auftragen. Die Edelherren von Homburg förderten die dörfliche Siedlung und entwickelten sie planmäßig zur Stadt (1281). Damals lag Stadtoldendorf an der historischen Hellweg-Straße; als diese jedoch ab dem 16. Jh. via Eschershausen verlief (wie die heutige B64), sank das durch die Zerstörungen während des Dreißigjährigen Kriegs hart mitgenommene Stadtoldendorf zur Bedeutungslosigkeit herab. Der wirtschaftliche Wiederaufstieg erfolgte, als Stadtoldendorf Station der Linie Holzminden–Börssum der Preußischen Staatsbahn wurde und der Gipsabbau begann. Bis heute ist die Gipsindustrie Hauptwirtschaftsfaktor.
Sehenswürdigkeiten: Im verwinkelten Altstadtkern faszinieren Dutzende von fachwerkgeschmückten, zum Teil mit Sollingplatten gedeckten Ackerbürgerhäusern des 17. bis 19. Jh. Ein Vorstellung von der mittelalterlichen Befestigung vermitteln Reste der Stadtmauer aus rotem Sollingsandstein sowie der Hagenturm im Osten und der 1936 erneuerte Försterbergturm im Norden. Am Rand der Altstadt steht die malerische Baugruppe des Camphofs, ab 1418 im Besitz der Herren von Campe, seit der Sanierung (1981) Mietshaus; der berühmteste Sproß der Familie Campe, geboren im benachbarten Deensen, war der Pädagoge, Sprachforscher und Verleger Joachim Heinrich Campe (1746–1818), dessen Jugendbuch „Robinson der Jüngere" weltweit Verbreitung fand. Sein ebenfalls in Deensen geborener Neffe Friedrich Campe (1777–1846) gründete 1800 mit seinem Bruder Franz August eine Buchhandlung: heute Hoffmann & Campe.
Museum: Stadtmuseum.
Wandern: Wanderung 12 führt zur Homburg-Ruine.
Auskunft: Verkehrsamt, Kirchstraße 4, 37627 Stadtoldendorf.

Trendelburg

Auf einem von der Diemel umflossenen Bergsporn am Westfuß des Reinhardswalds liegt im hessischen Kreis Kassel die winzige Stadt Trendelburg (140 Meter). Die Edelherren von Schöneberg (südlich von Trendelburg bei Hofgeismar) ließen die „Trindirburg" im 13. Jh. errichten, um die Diemelfurt und die Straße Kas-

sel-Bremen zu kontrollieren. Wenige Jahre später gründeten sie auch die Stadt, doch schon 1303 mußten sie die Burg dem Mainzer Erzbischof öffnen, und 1305 erwarb Landgraf Heinrich I. von Hessen die Burg und die Stadt; damit faßten die hessischen Landgrafen erstmals im Grenzgebiet zwischen den geistlichen Fürstentümern Mainz und Paderborn an der Diemel Fuß. Zwar mußten die Hessen schon ein Jahr später die Hälfte von Trendelburg an den Bischof von Paderborn abtreten, doch 1597 verzichtete Paderborn endgültig, Trendelburg wurde hessisch.
Sehenswürdigkeiten: Die Trendelburg beeindruckt durch starkes Befestigungswerk, vor allem durch den mächtigen Bergfried (Unterbau 13. Jh.) und den tiefen Burggraben; nach dem Aufkommen der Feuerwaffen wurde die Burg im 15. Jh. umgebaut und noch stärker befestigt. Der Palas stammt aus dem 15. und 17. Jh. Die Trendelburg ist seit 1901 Besitz der Herren von Stockhausen, die ab 1318 Burgmannen und ab 1477 hessische Lehensmannen auf der Trendelburg waren; genutzt wird die Burg als Hotel. – Die zahlreichen Kriegswirren überstanden haben die Pfarrkirche (15. Jh.) und das Rathaus, ein Fachwerkbau mit Sonnenuhr von 1582.
Wandern: Wanderung 1 führt durch den Reinhardswald; durchs Diemeltal ist rasch Bad Karlshafen zu erreichen, der Ausgangspunkt von Wanderung 4 zu den Hannoverschen Klippen und zum Luginsland. Eine Kurzwanderung wert ist auch das Naturdenkmal „Wolkenbruch“ östlich von Trendelburg: ein 50 Meter tiefer, kreisrunder Erdfalltrichter mit 150 Metern Durchmesser am oberen Rand und einem See mit 20 Metern Durchmesser am Grund.

Uslar

Wo der Italbach in die Ahle mündet, liegt in einer Weitung am Südrand des Sollings im niedersächsischen Kreis Northeim die Reiterstadt Uslar (173 Meter, 18 000 Einwohner). Burg und Stadt „Husteri“ wurden im 13. Jh. gegründet, als die braunschweigischen Herzöge ihr Territorium Richtung Weser erweiterten. 1715 wurde die Königliche Eisenhütte (Sollinger Hütte) gegründet, aber auch andere Bereiche der Eisenverarbeitung (Gießereien, Schmieden) blicken in Uslar auf eine lange Tradition, desgleichen die Holzverarbeitung.
Sehenswürdigkeiten: Beim Stadtrundgang begegnen uns zahlreiche doppelstöckige Fachwerkhäuser, darunter das mit Sollingplatten gedeckte, vom Uhrturm überragte Rathaus (1476, erweitert 17. Jh.), neben dessen Eingang der braunschweigische Löwe wacht. An der Johanniskirche lassen sich sechs Jahrhunderte Bauzeit nachvollziehen: Während der Westturm im 13. Jh. errichtet wurde, begann 1428 das ehrgeizige Projekt eines gotischen Neubaus (Chor), im 19. Jh. wurde das Langhaus völlig neu gestaltet; figurenreicher gotischer Schnitzaltar (vor 1500), gotische Glasmalereien (1470). Von Schloß Freudental, das Herzog Erich II. von Braunschweig-Calenberg ab 1559 anstelle der abgebrochenen alten Welfenburg errichten ließ, sind nur noch Ruinen in parkartiger Umgebung am Westrand der Stadt erhalten.
Museen: Unter den Exponaten des Heimatmuseums in einem ehemaligen Sattelhof (1677), Mühlentor, fallen neben Erzeugnissen der Sollinger Eisenhütte die „Totenkronen“ besonders auf. Im Ortsteil Volpriehausen (östlich von Uslar) wurde ein Kalibergbau-Museum eingerichtet.
„Reiterstadt“: Wanderung 5 führt an einem Reiterhof vorbei, doch finden sich im Umkreis der „Reiterstadt“ Uslar zahlreiche weitere Reitmöglichkeiten (Trakehnergestüt). Alljährlich am 17. Juni treffen sich Züchter aus der weiten Umgebung in Uslar zum Fohlenbrennen.
Rundflüge: Rundflüge über das Weserbergland können am Segelflugplatz westlich der Stadt gebucht werden.
Wandern: Uslar ist idealer Ausgangspunkt für die Solling-Wanderungen zum Lug-ins-Land (Wanderung 4), zum Sollingturm auf dem Strutberg (Wanderung 5) sowie zur Großen Blöße (Wanderung 6), während südlich von Uslar der Bramwald (Wanderung 2) und der Hohe Hagen (Wanderung 3) zu Wanderungen einladen.
Auskunft: Touristik-Information Ferienregion Uslarer Land, Graftplatz 3, 37170 Uslar.

Vlotho

Wo der im Mittelalter „Vlote“ genannte Forellenbach am Weserknie südlich der Westfälischen Pforte in die Weser mündet, liegt im nordrhein-westfälischen Kreis Herford die alte Weserschifferstadt Vlotho (50 Meter, 22 000 Einwohner) mit dem Stadtteil Valdorf als Luftkur- und Heilbäderort. Der Vlothoer Schiffergilde, die 1665 gegründet wurde, gehörten alle Schiffer von Hameln bis Bremen an.
Im Mittelalter saßen auf einer Turmburg nordwestlich der nachmaligen Burg die Edelherren von Vlotho und kontrollierten die Weserfurt und die Straße Richtung Herford und Lemgo. Die Edelherren von Vlotho sind bis 1214 nachweisbar; danach fiel Vlotho an die Ravensberger, erhielt 1244 eine Münze und um 1250 Stadtrechte. Im 19. Jh. begann in Vlotho die Fabrikation von Tabak und Zigarren, bis heute ein wichtiger Wirtschaftszweig.
Freizeit: Oberhalb von Vlotho liegt rechts der Weser das Wassersportfreizeitzentrum Borlefzen: Schwimmen, Surfen, Bootfahren, Angeln.
Wandern: Wanderung 30 führt über das Wiehengebirge, Wanderung 29 über das Wesergebirge.
Auskunft: Tourist-Information Stadt Vlotho, Lange Straße 60, Rathaus, 32591 Vlotho.